海源閣遺書精品圖録

丁延峰　周江濤　主編

齊魯書社
·濟南·

圖書在版編目（CIP）數據

海源閣遺書精品圖録 / 丁延峰, 周江濤主編. —— 濟南 : 齊魯書社, 2024.1
ISBN 978-7-5333-4782-6

Ⅰ.①海⋯ Ⅱ.①丁⋯ ②周⋯ Ⅲ.①古籍 – 中國 – 圖録 Ⅳ.①G256.22-64

中國國家版本館CIP數據核字(2023)第202369號

責任編輯　孔　帥
裝幀設計　亓旭欣

海源閣遺書精品圖録
HAIYUANGE YISHU JINGPIN TULU

　丁延峰　周江濤　主編

主管單位　山東出版傳媒股份有限公司
出版發行　齊魯書社
社　　址　濟南市市中區舜耕路517號
郵　　編　250003
網　　址　www.qlss.com.cn
電子郵箱　qilupress@126.com
營銷中心　（0531）82098521　82098519　82098517
印　　刷　山東益好定製品牌管理有限公司
開　　本　889mm×1194mm　1/16
印　　張　9.5
插　　頁　4
字　　數　100千
版　　次　2024年1月第1版
印　　次　2024年1月第1次印刷
標準書號　ISBN 978-7-5333-4782-6
定　　價　300.00圓

海源閣原匾

丙舍讀書圖

編委會

序　言

　　聊城是一座歷史悠久、風光旖旎、文化燦爛、名人輩出的國家級歷史文化名城，是中華母親河黃河與古代運輸大動脉京杭大運河共同哺育的"兩河明珠"城市，被譽爲"中國北方的威尼斯"。聊城古迹衆多，光岳樓、山陝會館、宋代鐵塔等氣象渾厚，工藝精美，至今仍巍然屹立於魯西大地；聊城名人志士，代不乏人，宋代醫學家成無己、明代文學家謝榛、清代開國狀元傅以漸、國學泰斗季羨林等創造了豐厚獨特的文化遺產，而享譽海内外的清代著名藏書樓——海源閣即坐落於聊城市中心光岳樓南路西。爲紀念海源閣藏書樓建立183周年暨進一步推動海源閣藏書文化、中國歷代圖書文化史研究，以及圖書館館史、館志的編纂工作與研究，中國圖書館學會學術研究委員會、聊城市人民政府、聊城大學於2023年7月7日至10日，在海源閣誕生地——聊城舉辦了"海源閣藏書暨中國歷代圖書文化史研究學術研討會"。爲切實加深社會各界對海源閣舊藏古籍的瞭解，本次研討會同步舉辦海源閣舊藏古籍精品展，并編輯出版《海源閣遺書精品圖錄》。爲明其原委，特序於此。

北方圖書之府

　　海源閣以其藏書精善宏富著稱於世，被譽爲中國晚清四大藏書樓之一。王獻唐《聊城楊氏海源閣藏書之過去現在》云："有清末季，中國私人藏書，有四大家：曰聊城楊氏海源閣，曰常熟瞿氏鐵琴銅劍樓，曰歸安陸氏皕宋樓，曰錢塘丁氏八千卷樓。"四家中，又因藏宋元本、名家校抄之多，以瞿、楊兩家同爲冠冕，有"南瞿北楊"之稱。葉昌熾云："讀《楹書隅録》，聊城楊氏記其所藏書也，士禮居物居十之五，皆自藝芸歸之，其他則汪孟慈家物也。當今惟鐵琴銅劍樓可與并峙，皕宋僅可爲附庸，餘皆自鄶以下耳。"
傅增湘亦云："吾國近百年來，藏書大家以南瞿北楊并稱雄於海內，以其收藏宏富，古
書授受源流咸有端緒。若陸氏之皕宋樓，丁氏之八千卷樓，乃新造之邦，殊未足相提而
并論也。"葉德輝云："海內藏書家，固以江南之瞿、山左之楊，爲南北兩大國。"董康
跋《楹書隅錄》云："方今中原多故，文獻孑遺，陶南世家獨能保守無恙，與海虞瞿氏鐵
琴銅劍樓足相輝映。"從以上諸家評述中，可知"南瞿北楊"分別代表了南北最高藏書成
就，在清代乃至於中國藏書史上所擁有的翹楚地位。和瞿氏鐵琴銅劍樓矗立於南方一樣，
楊氏海源閣則巍然成爲"清末北方私家藏書中心""北方圖書之府"。1959年，中國歷史
博物館把海源閣和建成於明嘉靖十三年（1534）的位於北京東城南池子大街的"皇史宬"
（皇家檔案館）、寧波"天一閣"、清乾隆四十年（1775）建成收藏《四庫全書》的"文
淵閣"，并列爲全國公私藏書處的典範。

　　據統計，海源閣藏書計有4600餘種20餘萬卷，其中宋元刻本、黃丕烈等名家校跋
本、汲古閣毛氏影抄本等700餘種近四萬卷。這些善本雖有毀佚，但絕大部分仍存於世。
現在，楊氏藏書大部分存於公立圖書館，成爲祖國寶貴的文化遺產。1960年北京文物出
版社所編印的《中國版刻圖錄》一書，著錄海源閣藏宋元善本書籍44種。《中國善本書
提要》《中國古籍善本書目》《北京圖書館古籍善本書目》等都著錄了海源閣大量藏書。
《中華再造善本》收錄80餘種，《國家珍貴古籍名錄》收錄200餘種。

　　宋元以降，藏書一直以南方爲盛。但在清末，由於屢被戰火，尤其是太平天國期
間，江浙一帶處於戰事中心，致使這一地區的經濟文化遭受重創，私人藏書或慘遭焚毀，
或流散外地，其間就有很多書籍流入北方，使中國私家藏書之地域分布發生了重大改變。
促使南書北移，打破江南私人藏書一統天下的，首爲山東聊城楊氏。楊以增在任江南河
道總督時所收如汪士鐘（蘇州）、郁松年（上海）、鮑廷博（杭州）、彭元瑞（江西）、
惠周易（蘇州）、秦恩復（揚州）等人舊藏，以及楊紹和於京都收藏怡府藏書均爲江南著
名藏書家家藏之物。袁同禮云："清代私家藏書，除二三家外，恒再傳而散佚，然輾轉
流播，終不出江南境外者幾二百年。迨楊至堂得藝芸書舍之經史佳本，情勢始稍變。"王
獻唐於《聊城楊氏海源閣藏書之過去現在》中云："清代私家藏書，初以江浙爲中心，輾
轉流播，終不出江浙境外。迨聊城楊至堂，始得百宋一廛之精本，輦載而東，情勢乃稍
稍變矣。""楊氏藏書，半得於北，半得於南，吸取兩地精帙，萃於山左一隅，其關於藏
書史上地域之變遷，最爲重要。以前此'江浙藏書中心'之格局，已岌岌爲之衝破矣。"

除楊氏外，一些寓居南方的北方官員學者，如日照許瀚、文登于昌進、諸城劉喜海、臨清徐坊等借地利之便，收藏大量江浙一帶藏書家散出的藏書，而京津地區的不少學者、藏書家、書賈都到南方訪書購書，形成了所謂“南書北移”的熱潮。這種狀況一直延續至民國，如李盛鐸雖是江西德化人，卻長期供職京城，晚年居津門。傅增湘也是南方人，但在京城爲官。因而，清末乃至民國，北方藏書家的群體崛起，其氣勢足以與江浙抗衡。而這其中，山東楊氏居其首功，故葉德輝云“南北對峙，惟楊、瞿二家之藏”。藏書與治學密不可分，隨着藏書的北移，也會帶來學術的發展和繁榮。由此可見，楊氏海源閣崛起於北方的非凡意義。

楊氏海源閣在地域文化發展中發揮了重要作用。海源閣是以藏書、刻書而聞名於世的，這對以聊城爲中心的周圍地區藏書業、刻書業都有推動作用。從藏書方面來看，聊城在清末達到高峰，出現了大大小小的藏書家數十人，如清末臨清縣的徐坊，就藏有宋元善本幾十種，這顯然是受到了楊氏的影響。與楊氏家族都有交往的東昌幾大望族幾乎都有藏書。從刻書方面來看，山東刻書源遠流長，至清代達到高峰。而聊城刻書也很興盛，出現了“敬文堂”“文英堂”“聚錦堂”“萬育堂”“福興堂”等數十家坊店，如“善成堂”的書版有440多種，“書業德”有480種，所刻印的書籍遠銷北京、山西、河北等地。這種繁榮景象一直持續到清末民初。“學而優則仕”，海源閣幾代主人都以科舉入仕，楊以增官居從一品，其官位在清代中晚期的整個聊城是最高的。其仕途、治學、藏書、刻書以及有口皆碑的修爲和優秀品格，都使他在當地威望極高，影響力極大。可以説，楊氏幾代人所凝聚而成的文化對聊城地域文化的形成和發展產生了重要作用。

從文化視角來觀照其藏書，則楊氏藏書綿延四代，逐漸積累形成了豐富而獨特的海源閣藏書文化。譬如楊氏藏書有政治、經濟、學術等因素，而楊氏廣泛的交往又大大促進了其藏書。於藏書管理上，嚴格有序，養護修繕，措施得法，摸索出一套適合北方環境的護書保養良方。室名與藏印數量多、文化含義豐富深邃。楊氏藏書衹進不出，不似某些書賈或藏書家，買入賣出，以盈利爲目的。楊氏幾代將藏書永遠保存下去，單從這一點，他們纔是真正的藏書家，其祈求永保、秘惜珍藏的理念，又是中國古代藏書家心態的縮影。楊氏嗜宋，又不惟宋，凡具有學術價值的圖書和文物盡行搜羅。“貴古不賤今”的“海源”思想是楊氏藏書的理念，而漢宋“二説不容偏廢”則又顯示了楊氏治學的包容性。對圖書勤於整理研究，先後編著有五種目錄，其中《楹書隅錄》和瞿、陸、丁三家成爲清末四大解題目錄。楊氏在版本研究、目錄著録上卓有貢獻。楊氏在刻書上成績頗豐，重治學、重校勘，又有自己的刻書特點。楊氏藏書在民國間的遭劫和散佚，亦成爲私家藏書聚散史研究的典型案例。楊氏幾代辛勤聚書復又散佚，以及後來衍生出來的諸多藏書典故，也成就了中國藏書史上的一段段佳話。所有這些，既體現出楊氏自己的藏書文化特點，又折射出中國古代藏書家的文化思想。楊氏海源閣堪稱私家藏書文化的典範。中國古代私家藏書歷史悠久、文化積澱豐厚，正是由這樣的個體文化奠基而成的。

總之，楊氏海源閣在清代藏書及文化北移中所發揮的作用，爲文化遺産的保護與傳承所做出的貢獻，以及百年來累積而成的海源閣文化，都使其在中國藏書史乃至文化學術史上占據一席之地。

四代之聚散

楊氏藏書是四代愛書之人接續努力的結果。海源閣第一世主人楊以增之父楊兆煜已有收藏。至楊以增時期，楊氏藏書達到高峰。

楊以增（1787—1855），乾隆五十二年（1787）九月十六日生於聊城東昌府城關萬壽觀前街楊宅。字益之，一字至堂，別號東樵，又號退思老人。道光二年（1822）以第八十三名獲第二甲賜進士出身，分發貴州，權長寨同知、補荔波縣知縣。其後歷任貴筑縣知縣、松桃直隸廳同知、貴陽府知府、湖北安襄鄖荊道，署湖北按察使。道光十七年（1837）四月，與湖廣總督林則徐初交訂誼，投分遂密，紹和從游。六月十九日，楊兆煜卒於襄陽道署。以增扶柩回里，葬父於聊城西南田莊。道光十九年（1839），丁母憂。道光二十年（1840）丁憂期間，於聊城城關萬壽觀前街楊氏住宅第三進院的東跨院裏建家祠"海源閣"，樓下祭祀先人，樓上則專藏宋元佳槧。又於第四進院築屋，藏明清普本及書畫碑帖等。道光二十一年（1841），服闋授河南開歸陳許道員，署河南按察使。其後升兩淮鹽運使、甘肅按察使、甘肅布政使、陝西布政使、署陝甘總督，授陝西巡撫。道光二十八年（1848），擢江南河道總督，館署江蘇清江浦。楊以增爲官，亦是學者，著述甚豐，有《古韵分部諧聲》《志學箴》《退思廬文存》等，另有大量題跋、奏疏等。縱觀楊以增的藏書歷史，自官貴州始，而收藏善本則始於任河南道員時，至任河督時達到高峰，大量收購則是在督河最初的四五年裏，其"四經四史"以及子集精善之本大都在此時獲得，所得以江南著名藏書家收藏以及友朋寄贈爲主。而督河時，之所以能够收藏如此之多的善本，是因此時正趕上太平軍起義，致使許多私家藏書散出，楊以增抓住了時機。故王獻唐云："洪楊之亂，江南各地藏書，一時俱出，楊至堂以在河督任内，因利乘便，與瞿氏鐵琴銅劍樓，購藏最多。雖不名一家，而精帙殊富，此海源閣藏書又一支也。"海源閣藏書正是在楊以增時期，奠定了十數萬卷的收藏基礎。

楊紹和（1830—1875），字彦合，一字念澂，號勰卿。生有夙慧，齠齔即知向學。同治四年（1865）中進士，改庶吉士，散館一等，授翰林院編修，擢詹事府右春坊、右贊善、右中允、司經局洗馬，賞戴花翎。再擢翰林院侍讀，賞三品銜，升侍講學士，充日講起居注官、文淵閣校理。著有《儀晉觀堂詩鈔》，整理鑒定藏書，著有《楹書隅録》五卷《續編》四卷、《海源閣書目》、《宋存書室宋元秘本書目》、《延令宋版書目批注》等，另有大量題跋等。李致忠先生曾云：清末四家書目中，《楹書隅録》鑒定水準最高。楊紹和於京任官時，恰逢怡府藏書散出，得天時地利，獲之極多。同時於京都廠肆零星收購者亦不少，且品質較高。楊氏藏書在楊紹和的努力之下，得到了進一步的擴展。

楊保彝（1852—1910），字秉齡，號鳳阿，晚號甆庵。以祖父蔭得知縣。幼承庭訓，循禮法，天懷曠逸。同治九年（1870）舉賢書，以迭遭父母喪、嗣父母喪、祖母之喪，居家十餘年，所學益有根底。改官内閣中書，轉員外郎。調總理各國事務衙門章京。光緒二十九年（1903），退隱肥城陶南山館。著有《海源閣宋元秘本書目》《歸甆齋詩詞鈔》，以及《重修陶南山莊眉園記》《南北藏書家源流記》等文。清末世道離亂，護書益艱。楊保彝深知先人創業不易而守成更難，故深自秘惜，不輕示人。在這期間從未見到有關海源閣藏書散出的片言隻字，可見其善保先德藏書之用心。保彝於京服官時，關注時事，曾預"知大亂將作，因呈請以道員歸部銓，藉以回籍"。雖爲歸隱，實以回家保藏先世遺業爲計。保彝卒前，因無子繼承祖業，恐身後族人爭產，仿潘氏例，呈府備案，亦可謂煞費苦心。

楊敬夫（1900—1970），原名承訓，楊保彝嗣子。幼從學於濟南名士徐敬銘。十五歲時，又從同邑宿儒靳維熙問學。1923年輟學赴京，任北洋政府教育部秘書廳行走，後調京奉鐵路局文書科、京漢鐵路總務處、北洋政府交通部任職。1927年定居天津。1935年冀察政務委員會成立，聘爲參議。民國間，聊城匪患嚴重，海源閣多次遭劫，藏書慘遭毀損不少，危機重重。對於土匪連續不斷的蠻横洗劫，身爲書生的海源閣第四世主人楊敬夫没有能力阻止。正如楊敬夫在1957年回顧這些遭遇時所言："一九二九、一九三零年的軍閥内戰時期，我的故鄉聊城，我的老家海源閣藏書院中的珍貴書籍和金石書畫，累次受到無法彌補的損毀。祇有在人民當家作主的時代，歷代先民所創造和積累下來的文化財富，纔有可能受到應有的重視。我個人的過去三十年來所經歷的痛苦遭遇，是難以盡述的。因爲作爲一個普通公民，沒有力量也沒有可能和過去的各種惡勢力作鬥争，也不可能和人爲的灾害相抗衡。"儘管海源閣迭遭劫難，楊敬夫仍然三次不失時機地搶運出閣，是值得肯定的。海源閣大部分善本以及明清版本之所以能够保存下來，與楊敬夫的明智之舉是分不開的。

值得一提的是，楊氏運往天津的這些善本如何處置，成爲國人關注的焦點。因爲前有皕宋樓藏書爲日人購去的事實，國人深恐楊氏藏書再覆其轍。所以，這裏有必要對日人購書一説予以澄清。自1929年起，楊書東渡便一直衆説紛紜。日人購書并非空穴來風，楊敬夫曾説："那時住在天津的日本人也曾想染指，日本人表示願意多出錢出高價，我都嚴詞加以拒絶了。"楊氏藏書散出之後，確有部分善本流入日人之手，但并非從楊敬夫處直接購得，而是書賈間接爲之。如今藏俄羅斯國立圖書館六種宋元本，實際由北平書賈高價倒賣於日人。其中四種《説苑》《管子》《淮南鴻烈解》《三謝詩》價格按1929年楊敬夫所開價格核算，最高亦不足兩萬元，但日本購價爲六萬元，足見高價實爲書賈爲謀暴利賣於日人。另外，從至今仍有從日本回流的海源閣遺書來看，當亦是這種情况。

海源閣藏書雖然歷經磨難，最終還是大部分歸入國家公藏。據近年來調查統計，國家圖書館計有260餘種，包括宋元刻本、名家題跋本、名家抄本等；1949年，北京圖書館（即今國家圖書館）將海源閣藏書和《永樂大典》《四庫全書》等各種珍本一起儲存於善本書庫。在國家圖書館所藏800多部宋刻本中就有海源閣的80多部，占十分之一强。山東省圖書館計有2198種明清版本，并專門闢"海源閣特藏書庫"加以保藏。其餘者，山東博物館現存29種，臺灣省圖書館現存80餘種，臺北故宮博物院現存9種，上海圖書館現存7種，俄羅斯國立圖書館現存6種，北京大學圖書館現存3種，濟南市圖書館現存3種，其他如南京圖書館、山東大學圖書館、美國國會圖書館、遼寧省圖書館、北京師範大學圖書館、成都杜甫草堂博物館、臺灣大學、臺灣"中研院"史語所傅斯年圖書館、日本中央大學、杏雨書屋、泰安市博物館、東北師範大學圖書館、聊城市東昌府檔案局等亦皆有收藏。至今拍賣會上亦間有遺書遺物出現，皆爲私家有識者收藏。

1952年，楊敬夫曾向聊城專員公署捐獻過宋本"四書"、七塊端硯、明仇英作山水畫四幅、唐寅作仕女圖二幅，商代銅鐘一具以及名人題字數種，但在"文革"後下落不明。1957年6月20日，全國人民代表大會第一屆第四次會議在北京召開。會上，楊敬夫建議山東省地方政府在聊城海源閣故址上建立一座"聊城海源閣楊氏藏書刻書紀念館"，進而成爲對人民群衆及其後代進行愛國主義和革命傳統教育的場所，同時也實現楊氏幾代先人的心願。爲此，他向政府捐獻了珍藏多年的85件書籍文物。"文革"期間，海源閣遭拆改建爲招待所。這批文物至今寄存山東省圖書館。

琳琅飄香

海源閣是一座藏書樓，藏書是其最大特色。儘管其藏書今已分散各地，但我們仍想盡最大可能展現海源閣藏書風采。會間展覽實物，并同時編纂出版《海源閣遺書精品圖錄》，這樣既讓參會人員看到原書，也可一本在手留作紀念，琳琅飄香，惠澤後世。

本次書展及《海源閣遺書精品圖錄》所收之書，涵蓋面廣，版本價值高。包括海源閣藏本、海源閣刻本、楊氏抄本及相關文獻四部分。藏本共收錄21種，其中宋刻本6種、元刻本12種、明刻本3種。6種宋刻本分別爲宋紹興兩淮江東路轉運司刻本《漢書》、南宋覆刻蜀廣都費氏進修堂本《資治通鑑》、宋刻本《文章正宗》、南宋後期浙刻本《西山真文忠公續文章正宗》、宋浙刻本《晦菴先生文集》、宋贛州州學刻宋元遞修本《文選》，其復本均爲《國家珍貴古籍名錄》收錄。其中，《資治通鑑》實與國家圖書館藏七十一卷本原爲同帙，可補其缺，均爲元官府收藏，皆鈐"都省書畫之印"。《海源續閣藏善本古籍掇英》曰："今此本與《靜嘉堂文庫宋元本圖錄》所收之原陸氏皕宋樓鄂州本相較，雖間架結構俱同，然刀筆瘦硬，顯然非同一版本，應爲另一種覆刻蜀廣都費氏進修堂本。"《晦菴先生文集》今存宋槧多爲福建所刻，浙刻本頗少，海源續閣所藏浙刻本尤爲珍貴。《海源續閣藏善本古籍掇英》著錄《文章正宗》曰："此本者，寬行大字，開本宏朗，楮墨精良。望其氣息，應爲地方官版。近盧偉著《美國圖書館藏宋元版漢籍研究》載美國國會圖書館藏宋刊本，審圖版與此本無異。"作爲宋刻本，其文物價值毋庸置疑。當下拍賣會上，凡宋刻皆以高價成交，成爲最重要的拍品。

元刻本分別爲《附釋音春秋左傳注疏》《大廣益會玉篇》《資治通鑑綱目書法》《諸儒校正唐書詳節》《大學衍義》《新編事文類聚翰墨全書》《急就篇》《纂圖互注南華真經》《增廣音注唐鄞州刺史丁卯詩集》《潛室陳先生木鍾集》、元建安余氏勤有堂刻明修本《分類補注李太白集詩》、元日新堂刊遞修本《朱文公校昌黎先生集》，其復本多爲《國家珍貴古籍名錄》收錄。其中《朱文公校昌黎先生集》今僅有山東省圖書館、山東博物館有藏，此海源續閣所藏爲存世第三帙。南宋朱熹著《資治通鑑綱目》，創綱目體史書以褒貶歷史，對後世影響深遠。元儒劉友益傾30年心力，纂成《資治通鑑綱目書法》近50萬言，系統闡釋《綱目》書法，是宋明間衆多羽翼《綱目》之代表作。此元刻本爲是書初刻本，其後逐漸流行，極爲難得。《海源續閣藏善本古籍掇英》曰："此版毀於元末戰亂，據《中國古籍善本總目》載，此書的單刻本僅元刻一種，説明此版毀損後，似未曾再版。入明後，爲便於綜覽，《綱目》諸書的合編本開始流行，劉氏《綱目書法》亦彙入合編本，單行本漸失其傳。此本流傳甚稀，《中國古籍善本總目》著録僅北京師範大學圖書館（存卷十二）和國家圖書館有藏（存七卷：卷三十五至四十）。"此可補以上兩館之缺。《木鍾集》元刻本傳世極罕，國内僅上海圖書館有藏，洵可寶愛。《海源續閣藏善本古籍掇英》曰："此書元刻傳世極罕，明弘治十四年，里安令高賓曾重刻是書，瞿氏鐵琴銅劍樓、陸氏皕宋樓二家所載者皆爲弘治本，惟丁丙《善本書室藏書志》卷十五著録有元刻，多卷爲抄配。《四庫全書》編纂時，館臣未見元本，亦據弘治本著録，可見元本流傳之稀。"《大學衍義》，《海源續閣藏善本古籍掇英》曰："今此本行格與北師大館藏本同，然此本小字精工、版面舒潔，均勝於北師大本，頗疑爲元刊之最初印本。"《新編事文類聚翰墨全書》，《海源續閣藏善本古籍掇英》曰："此本與吳氏友于堂相較，版式不同，此本題名徑題爲'新編事文類聚翰墨全書癸集卷之三'，而麻沙吳氏友于堂刻本題名中'癸集'二字有墨圍且單獨置於題名行末端，應爲另一種元刊本，大約刊於大德間。此本存癸集二卷（卷三至四），字劃清晰。"《纂圖互注南華真經》，《海源續閣藏善本古籍掇英》曰："元翻宋刊本。……襲用諱字，字劃清晰，古拙大氣，與北京大學圖書館藏元刻明修本相較，更爲初印。"唐李白集，今存宋蜀刻本兩部，皆爲無注本。元代出現注解本，此元建安余氏勤有堂刻明修本《分類補注李太白集詩》爲宋楊齊賢集注，元蕭士贇補注，爲元明兩代通行本，屢爲後代翻刻。

明刻本分別爲《陳思王集》《夢溪筆談》及明弘治十四年華珵刻本《丁晉公談録》。《丁晉公談録》爲明弘治十四年（1501）華珵覆宋咸淳刻《百川學海》本，宋本流傳不廣，華珵一出即爲通行本。魏曹植《陳思王集》與國家圖書館藏明正德五年（1510）舒貞刻本及嘉靖二十年（1541）胡瓚宗刻本雖行款相同，但并非同本，極爲罕見。《夢溪筆談》，宋代有揚州公使庫本、乾道二年（1166）揚州州學本，今已不存，現在最早者爲元大德九年（1305）茶陵陳仁子東山書院刻本，《海源續閣藏善本古籍掇英》曰："明代有弘治八年（1495）華容令徐瑠刻本，本書所載與徐瑠刊本版式不同，應爲另一明本，疑照宋乾道二年（1166）揚州州學刻本翻刻。《藏園群書經眼録》載明翻宋本即是此本。傅氏按曰'此書世稱宋刊，董綏經以爲明刊翻宋者，余觀其刀法字體亦竊有疑焉'，'此書陸心源題爲宋本，以字體刀法審之決爲明刊'。"雖爲明刻本，亦頗罕見，當亦珍之。

楊氏不僅藏書，亦刻書，今可考者有四十餘種，皆爲精品。如咸豐二年（1852）海源閣刻本《蔡中郎集》，字體仿宋，雕版精湛，刀法隽美，紙墨俱佳，字體秀雅古勁。楊本一出，遂被學者視爲定本，奉若嚆矢，響於後世，長期以來廣受後人稱譽。羅以智云："楊至堂河帥新刊《中郎集》，以顧千里所校爲主，參之各本，擇善而從。徵其同異而兼存之，析其是非而嚴辨之，二千餘年沿訛襲謬，一旦俾有定本，中郎有知，當無遺憾。"許瀚譽之爲："自有《蔡集》以來，未有如此本之善也。"牟祥農亦曰："聊城海源閣楊氏所刻，校讎精審，最爲著稱。"張之洞曰："通行三本皆遜此本。"王欣夫云："迴非行世各本所逮矣。"毛春翔於《近三百年版刻述略》盛贊："清代仿宋元影刻本中的經典之作。"《惜抱先生尺牘》爲高均儒手寫上版，梅曾亮於此本《序》云："因以新城陳氏刊本，延高君伯平重爲校刊。伯平遂悉手寫之以上版，字體渾穆，使此書益可欽玩。"丁晏原籍濟南，爲清著名經學家，著述甚豐。楊以增與其交往頗深，爲其刊刻《六藝堂詩禮七編》，丁晏序云："嘗出資彙刻余所著書，以惠來學。僅刻《毛鄭詩釋》《鄭君詩譜》《詩考補注》《補遺》《儀禮釋注》《周禮釋注》《禮記釋注》，總爲《詩禮七編》。河帥爲之序，又刻《百家姓》三編，大字本《禹貢集解》寫樣，未及刊板而河帥歸道山矣，鍾期不作，使人有破琴絶弦之嘆。"此刻實際上是爲經學家丁晏對鄭氏箋注"四經"的研究作了一個總結，也是他自己經學思想的體現與延伸，更是借此"闡明"、弘揚"北海之學"。這是丁晏著述首刻本，流傳極少，其後出者皆以此爲底本。楊以增有感於清河當地儒學祭孔儀式之鄙簡，遂聘法良詳定祭儀及祭器，撰作《釋奠考》，并於咸豐元年（1851）刊刻行世。其書分別爲《釋奠考》《中龢韶樂》《禮器樂器全圖》，總冠以《釋奠考》之名。此書各公私書目未見著録，見於2018年5月4日江蘇兩漢·四禮堂蘇州古籍善本春季拍賣會，爲國内僅見之本。海源閣藏有宋刻本《唐求詩集》一卷，今藏國家圖書館。《中國版刻圖録》題宋杭州刻本，曰："觀字體刀法，疑亦宋末棚本。"光緒二十年（1894），楊保彝將其影摹刊梓行世，與原刻相較，惟妙惟肖，摹録逼真，不讓宋本。楊氏海源閣刻本，爲世公認。當下拍賣會上，海源閣刻本與清末其他三家藏書樓所刻相較，價格要高出三四倍，這也從市場角度説明了海源閣刻本的價值。

楊氏除藏書、刻書外，尚有抄書。楊以增手抄本《溧陽史禮堂先生論文三十則》，末署道光壬午，即道光二年（1822），時楊以增任貴州長寨同知。楷法清秀，賞心悦目，確爲楊氏真迹。抄本後附史可法《復睿親王書》兩通，當爲楊以增録增之文，原書當無。據楊以增識語，此論文三十則當已刊行，而刻本今查不存，亦未見其他書著録，故此實爲孤本獨帙，頗可珍惜。另一部抄本爲《東萊博議》三則，專爲葉志詵而抄。末署"東卿仁兄先生於邗上十年不見，握手歡然，旅窗話舊，出示金石甚夥，萍行又贈秦漢磚拓一册，汗顏至今，薄呈數葉，僅奉一粲。道光三十年（1850）孟冬十月，致堂楊以增。"葉志詵，清著名學者、藏書家，字東卿，晚號遂翁、淡翁，湖北漢陽人，葉開泰第六代傳人。嘉慶九年（1804）入翰林院，官國子監典簿，升兵部武選司郎中，後辭官歸。學問淵博，游於翁方綱、劉墉門下，長於金石文字之學，收藏金石、書畫、古今圖書甚富。藏書樓有簡學齋、平安館、怡怡草堂等。編撰有《平安館書目》。從此抄本及末跋可見兩人之交往，亦見楊氏不僅收藏古籍善本，尚收藏金石磚拓等，其中有不少爲友朋贈送。此亦爲孤本，珍罕之至。以上兩部抄本，皆爲雅緻小楷，工整有致，筆法精妙，清秀雋永。字如其人，楊以增之"公忠正厚"品格以此見之。

我們還搜集到一些楊氏的相關文獻，如清张启泰編《臨文便覽》二卷，清同治十三年（1874）松竹齋刻本。是書論科舉答卷之規範，皆由名家手書上版，刻印俱佳。楊紹和爲之作序，足見其倡導舉業之功。《楊以增題畫》《楊保彝名刺》更爲罕見之作。民國間，海源閣遺書流傳，世人關注，愛國藏書家爲避重蹈皕宋樓藏書東渡覆轍，傾力收藏。周叔弢即爲其中之一，曾收藏楊氏藏宋本53種，其後全部捐獻於國家。民國二十年（1931）山東省立圖書館鉛印本《海源閣宋元秘本書目》上，周叔弢對每部宋元本之流向作詳盡批注，以此可見其追踪、關注海源閣善本之用心。

海源情緣

余治海源閣有年，作爲海源閣楊氏的同鄉、藏書文化的愛好者、研究者，弘揚海源閣文化是義不容辭的義務與責任。自1984年始見與海源閣有不解之緣的李士剑先生，自此埋下海源種子，至今已近40年，這期間多次撰寫提案、實地考察走訪，窮搜博稽，呼籲奔走，甘苦盡嘗。2019年10月，"紀念毛晉誕辰420周年暨圖書館史志編纂學術研討會"在常熟召開，會間小聚。南京大學徐雁先生談到海源閣，希望在海源閣誕生地——聊城召開一次藏書文化研討會，當時我就答應一定好好籌劃。實際上這也是我長期以來的想法，無奈機緣未濟。徐先生之想法與我不謀而合。回來後就向學校及聊城市匯報，雙方一拍即合。但2020—2022年三度謀劃，皆因故而未成。2023年初，我們又謀劃召開會議，聊城市文化和旅游局周江濤局長召開專題會研究會議事宜。後經多方溝通，定下會議時間及議題。其中一個議題就是在召開大會的同時，舉辦海源閣遺書展覽，讓參會人員及廣大群衆一睹海源閣藏書之風采。爲此，我們先邀請國家圖書館、上海圖書館等公藏機構參展，由於當地展覽條件、安保級別達不到標準而作罷，祇能邀請私家獻書參展。2021年10月某日，專赴曲阜拜會正在開會的故宮博物院專家翁連溪先生、藏書家張玉坤先生、劉洪金先生、劉禹先生。翁先生對此贊賞有加，給予堅定支持，當即推舉張玉坤、劉洪金兩位藏書家積極參加，將所藏海源閣遺書捐展。當我們提出參展内容時，張先生讓我從中選目，於是我挑選了20種24册。因要正式出版，書影照片必須清晰度高，劉禹先生又多次與原出版社溝通聯繫，最終將清晰版書影無償給我們使用。同時，張先生駕車自北京至聊城押運20種善本，路途辛苦，竭誠之心，令人感動。

　　張先生與海源閣頗有緣分。2016年9月，日本某藏家携海源閣遺書宋元明本43種52册來中國出售，委托泰和嘉成拍賣有限公司拍賣，時古籍部總經理劉禹先生敦請李致忠先生、陳紅彦女士、趙前先生、楊健先生、翁連溪先生鑒定，認爲"這批殘帙確係海源閣舊物，值得珍藏"。9月初，李致忠先生曾致電於余，言這批書是海源閣遺書，最好回歸本地，日本藏家也認爲如能回歸原地將是其最大心願，也是最佳歸處。其後，我多方聯繫政府、學校及企業家，極盡聯絡之事，前後奔波月餘，先是劉禹先生給我一月時間，後又延半月，但最終未能如願。劉禹先生言多位藏家正排隊購買，日本藏家亦等不及了。其中張先生最有誠意，斥資購下。因此請李致忠先生題額，顔其室曰"海源續閣"。其後張先生將其編爲《海源續閣藏善本古籍掇英》，2021年由北京聯合出版公司出版。張先生之不密私藏，將海源善本公之於衆，其高風亮節，令人贊賞。張先生在《海源續閣藏善本古籍掇英·後記》中説道："作爲普通古籍愛好者，能够擁有海源閣遺存這批珍貴古籍，我感到十分幸運……此次機緣殊勝，能够遇到晚清四大藏書樓之一的海源閣舊藏古籍，雖是殘叢，也讓我興奮不已，於是毅然收藏。""我將盡力使現已收藏的古籍勿再散失流離，重蹈舊時代藏家的覆轍；既而再接再厲，豐富庋藏，傳承文化，從而爲偉大的中華文化復興盡一份綿薄之力。"海源種子在張先生這里得到延續，何其幸也！

　　猶記2019年5月，上海博古齋拍賣會上驚現咸豐二年（1852）海源閣刻本《六藝堂詩禮七編》，爲30年來首次面世，當時興奮不已。然因資金不裕，中途退出，濰坊藏書家劉洪金先生擲地有聲道："一定要讓家鄉刻本回到家鄉。"遂接力舉牌，以重金代爲濟南劉洪奎先生收得，拳拳之心，令人由衷感佩。劉洪金先生尚藏有海源閣刻本《惜抱軒尺牘》及楊保彝影宋刻本《唐求詩集》，皆爲楊氏刻本之精華。本次捐展及編錄，劉先生積極動員聯絡，付出大量勞動。2018年秋，中國嘉德拍賣會拍出明刻本《陳思王集》，原爲海源閣第三代主人楊保彝舊藏，鈐有楊氏印章多方，濟南實業家謝呈波先生舉牌摘下。2022年秋，中貿聖佳拍賣會驚現《楊以增題畫》，謝先生再次拿下。楊氏不僅藏書，尚藏有大量書畫，曾編有《海源閣藏書畫目》（今藏芷蘭齋），部分書畫今藏山東省圖書館，至今仍存於世者極爲罕見，謝先生可謂真正識者。郗登敏先生爲聊城實業家，酷愛收藏，以收藏鄉邑名作書畫善本著稱，藏於自建恒艺美术馆，爲鄉邑手澤回歸故土做出巨大貢獻，余曾多次駐足賞覽，琳琅滿目，美不勝收。楊以增手抄本《東萊博議》就是郗先生於2019年8月親赴日本拍賣會拍下的。現在拍賣會上凡是出現海源閣遺書或書畫等，多爲山東藏書家購得。這份濃濃的海源情緣，可嘉可嘆。

最終海源閣遺書精品能夠如期展出，《海源閣遺書精品圖錄》順利出版，翁連溪先生、張玉坤先生、劉洪金先生、劉禹先生、任國輝先生、謝呈波先生、劉洪奎先生、郗登敏先生給予了鼎力支持。正是由於諸位先生深深的海源之情與無私奉獻，纔使大會更加豐富多彩，圓滿成功。對此我們誠摯感謝，銘感於心。

丁延峰書於東昌古源閣

2023年6月30日

目　録

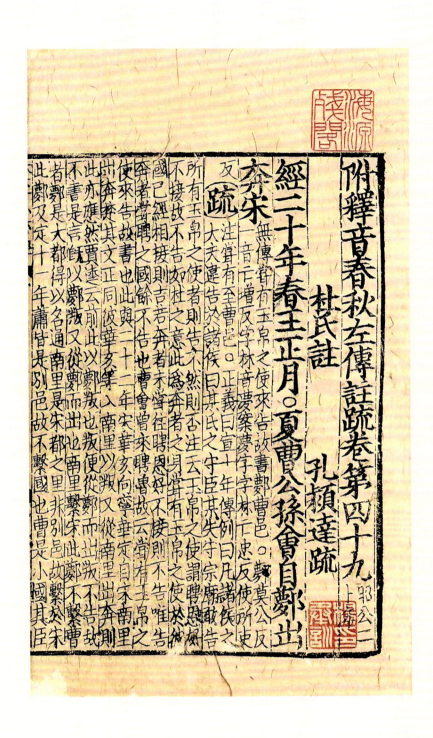

一　附釋音春秋左傳注疏六十卷　晉杜預注　唐孔穎達疏　唐陸德明釋文　元刻
本　存卷四十九、五十五　鈐印：海源殘閣、楊印承訓（張玉坤藏）（圖1）

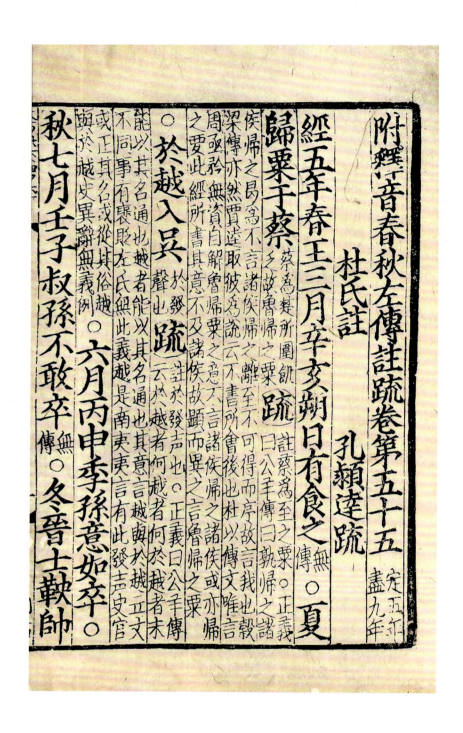

附釋音春秋左傳注疏六十卷　晉杜預注　唐孔穎達疏　唐陸德明釋文（圖2）

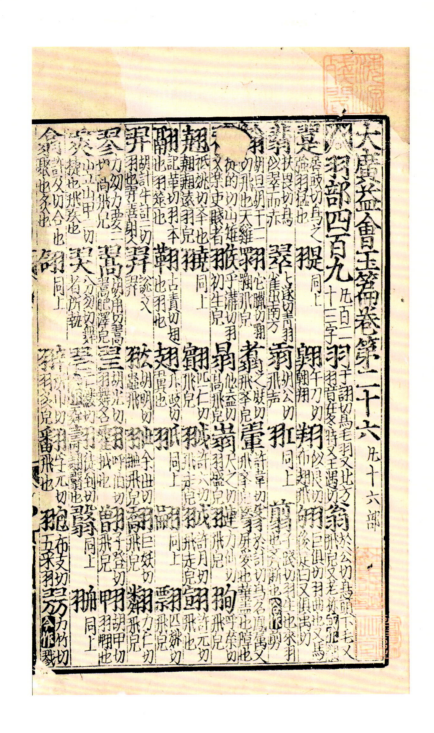

　　二　大廣益會玉篇三十卷　南朝梁顧野王撰　唐孫强增字　宋陳彭年等重修　元
刻本　存卷二十六至三十　鈐印：查氏正路藏書之印、當歸草堂、善本書室、八千卷
樓、海源殘閣（張玉坤藏）（圖1）

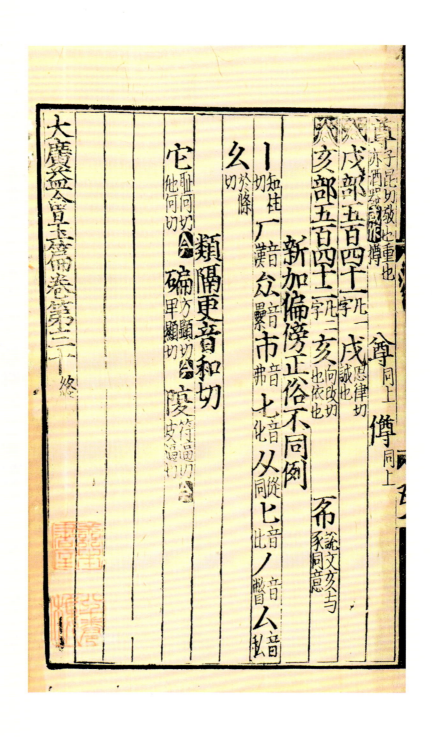

大廣益會玉篇三十卷　南朝梁顧野王撰　唐孫强增字　宋陳彭年等重修（圖2）

三　漢書一百卷　漢班固撰　唐顏師古注　宋紹興兩淮江東路轉運司刻本　存惠帝紀第二、高帝紀第三、高帝紀第一下零葉　鈐印：海源殘閣（張玉坤藏）（圖1）

元年冬十二月趙隱王如意薨民有罪得
買爵三十級以免死罪　應劭曰一級直錢二千
見為六萬若今贖罪入　賜民爵戶一級春正月

城長安
二年冬十月齊悼惠王來朝獻城陽郡以
益魯元公主邑尊公主為太后　如淳曰張敖
故公主得為太后師古曰此說非也蓋齊王自以子為
脫故從內史之言請尊公主為魯太后不得
用悅媚呂太后耳若魯元以子為母稱太后
何待齊王尊之乎據張敖傳高后元年魯元自
後六年宣平侯敖薨呂太后止放子偃為魯王以母
太后故也是則偃因母為齊王以非母因
而魯元本為齊王薨

相國何薨　師古曰
蕭何也
旱部陽侯仲薨　師古曰高帝之
兄吳王濞父也
中言庶人之家　乙亥夕而不見隴西地震夏
秋七月平未
三年春發長安六百里內男女十四萬六
千人城長安三十日罷　鄭氏曰城
面故速罷
女為公主嫁匈奴單于夏五月立閩越君
摇為東海王　應劭曰摇越王句踐之苗裔也師
日即今泉州是其地　六月發諸侯王列侯徒隸
鄂東南濱海云師古

漢書一百卷　漢班固撰　唐顏師古注（圖2）

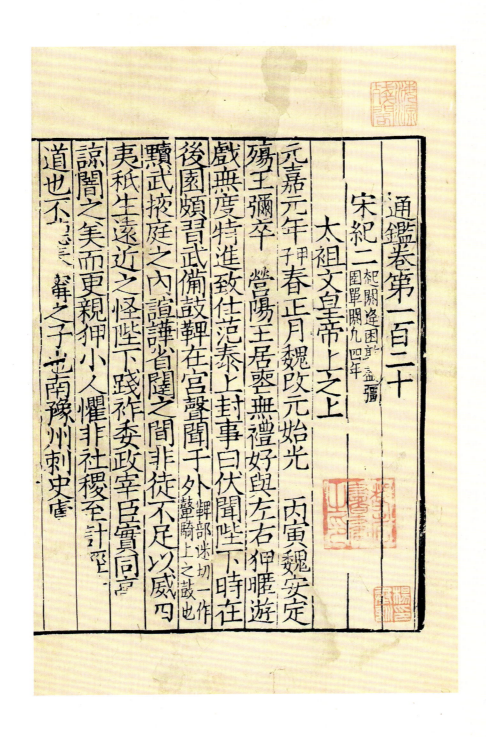

　　四　資治通鑑二百九十四卷　宋司馬光撰　南宋覆刻蜀廣都費氏進修堂本　存卷
一百二十　鈐印：都省書畫之印、海源殘閣、楊印承訓（張玉坤藏）（圖1）

内外充牣今兵力又足以制物夫何所疑乃

華捷後任留鎮荊州王欲使到彥之將兵前驅彥

之曰彼不反便應朝服順流若使有虞此師會

雍州刺史褚叔度卒乃遣彥之權鎮襄陽甲戌王

發江陵引見傅亮號泣哀動左右旣而問義真及

少帝薨廢本末悲哭嗚咽侍側者莫能仰視亮流

汗沾背不能對乃布腹心於到彥之王華等深自

結納王以府州文武嚴兵自衛臺所遣百官衆力

不得近部伍中兵參軍朱容子抱刀處王所乘舟

戶外不解帶者累旬　魏王還宮　秦王熾磐石遣

太平暮末帥征北將軍大夫年等步騎三萬出貊

渠谷（貊切聊）攻河西白草嶺臨松郡皆破之從氐二

萬餘口而還

八月丙申帝至建康羣臣迎

拜於新亭徐羨之問傅亮曰王可方誰亮曰晉文

景以上人羨之曰必能明我亦心乎亮曰不然丁酉

王謁初寧陵還止中堂百官奉璽綬王辭讓數四

乃受之即皇帝位于中堂備法駕入宮御太極前

殿大赦改元文武賜位二等戊戌詔太廟認復廬

陵王先封迎其樞及孫脩華謝妃還建康庚子以

行荊州刺史謝晦為真將行與蔡廓別屏人間

曰吾其免乎廓曰卿受先帝顧命任以社稷

資治通鑑二百九十四卷　宋司馬光撰（圖2）

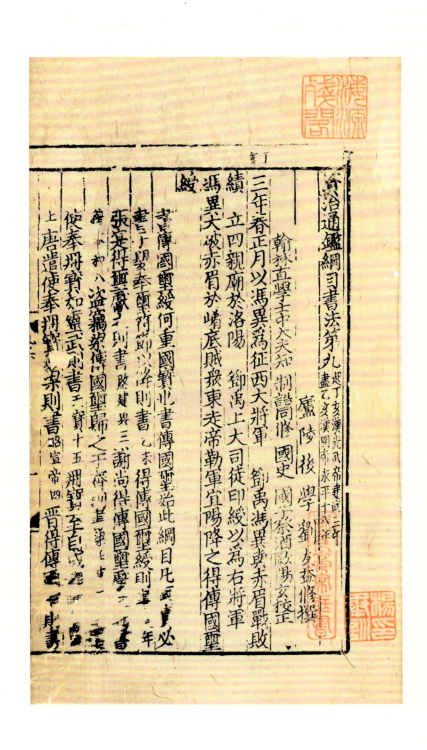

　五　資治通鑑綱目書法五十九卷　元劉友益撰　元刻本　存卷九　鈐印：周元亮家
藏書、海源殘閣、楊印承訓（張玉坤藏）（圖1）

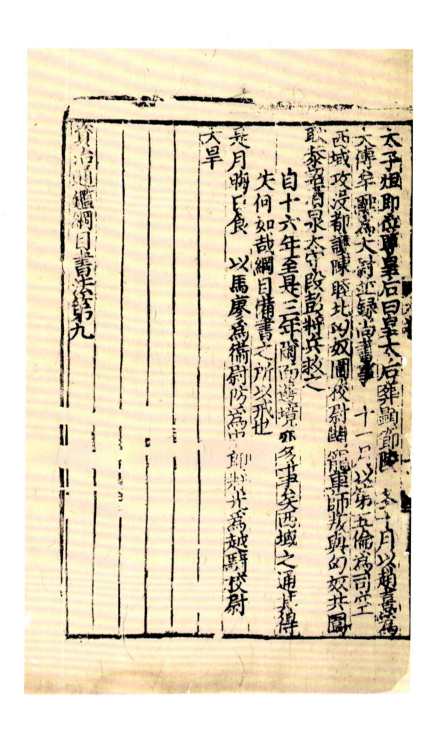

資治通鑑綱目書法五十九卷 元劉友益撰（圖2）

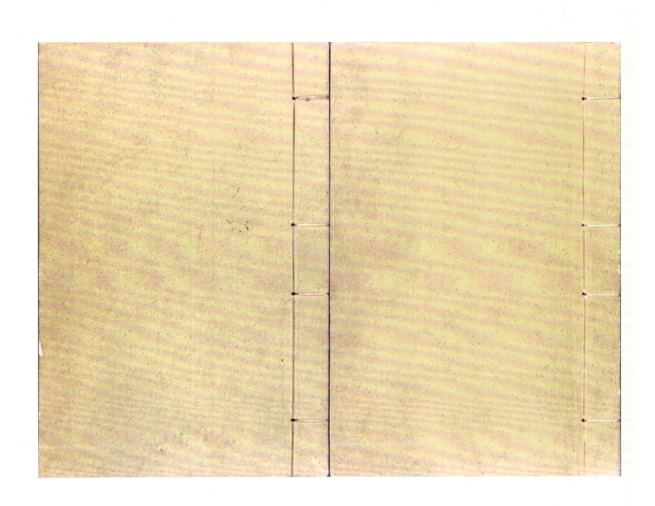

　　六　　諸儒校正唐書詳節六十卷　宋歐陽修、宋祁撰　宋吕祖謙輯　元刻本　存卷
四十三、四十五　鈐印：楊印承訓（張玉坤藏）（圖1）

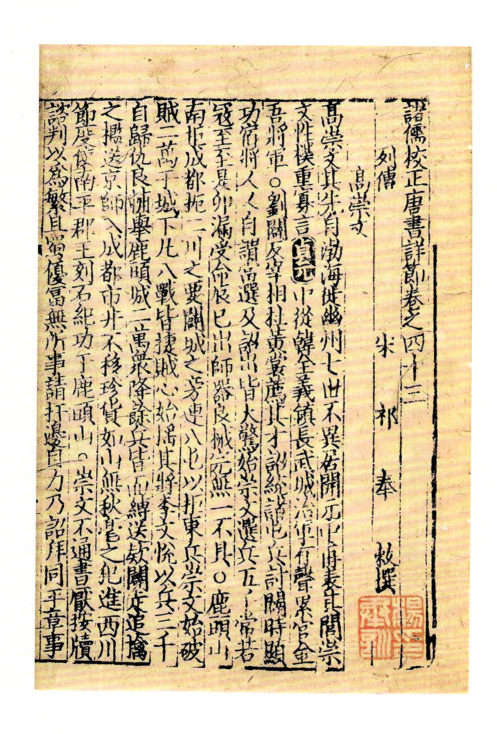

諸儒校正唐書詳節六十卷　宋歐陽修、宋祁撰　宋呂祖謙輯（圖2）

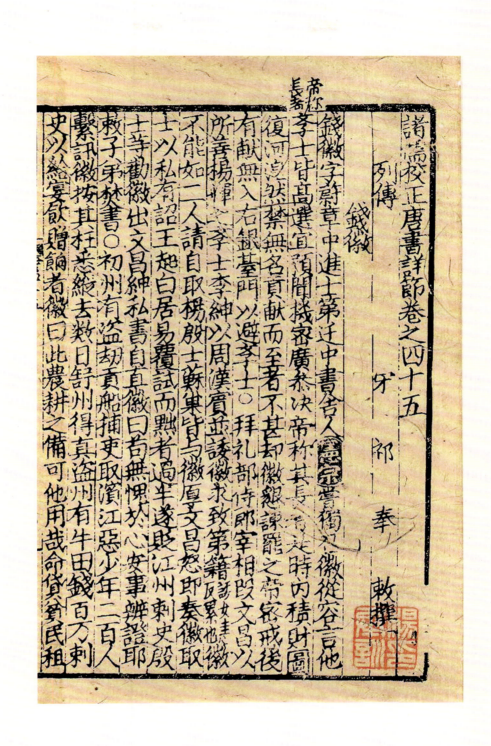

諸儒校正唐書詳節六十卷　宋歐陽修、宋祁撰　宋呂祖謙輯（圖3）

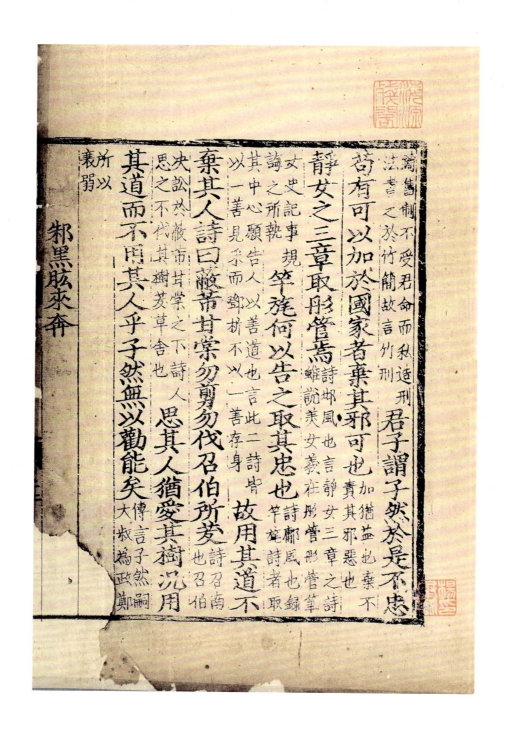

七　文章正宗二十四卷　宋真德秀輯　宋刻本　存卷十三　鈐印：海源殘閣、楊印
承訓（張玉坤藏）（圖1）

僖二年春王正月城楚丘公羊何休曰据出何以不月故問之楚丘者何衛也曷為不言城衛城衛者無遷文以言城衛故當言城衛也曷為不言狄滅之為桓公諱也曷為為桓公諱上無天子下無方伯天下諸侯有相滅亡者桓公不能救則桓公恥之也然則孰城之桓公城之曷為不言桓公城之不與諸侯專封也曷為不與實與而文不與曷為不與諸侯之義不得專封也諸侯之義不得專封則其曰實與之何上無天子下無方伯天下諸侯有相滅亡者力能救之則救之可也

荀息不食言
傳十年春晉里克弑其君卓子及其大夫荀息及者何累也弑君多矣舍此無累者乎曰有孔父仇牧皆累也舍孔父仇牧無累者乎曰有則此何以書賢也其賢奈何荀息可謂不食其言矣食言者何何氏曰据傳諸侯之子八歲受之少傅教之以小學業小節焉十五受大傅教之以大節焉其不食其言奈何奚齊卓子者驪姬之子也荀息傅焉驪姬者國色也獻公愛之其欲立其子於是殺世子申生

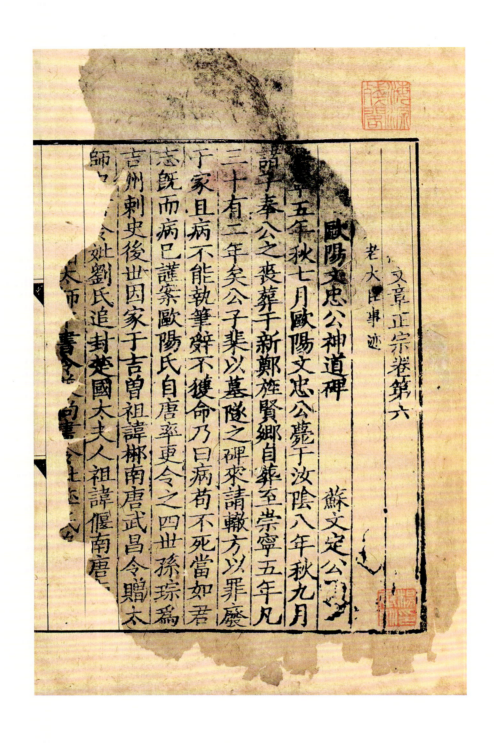

八　西山真文忠公續文章正宗二十卷　宋真德秀輯　南宋後期浙刻本　存卷六　鈐印：海源殘閣、楊印承訓（張玉坤藏）（圖1）

而公條天下事久間入章閣召以賜坐給紙

跡于前諸公惶恐退而上時所宜先者十數

事於是有詔勸農桑興學校革歷勘任子等弊中外悚

然而小人不便相與騰口謗之公知其必爲害常爲

上分別邪正勤力行諸公之言初范公之聚饒州公與

尹師魯余安道皆以直范公見逐目之黨人自是朋黨

之論起久而益熾公乃爲朋黨論以進言君子以同道

爲朋小人以同利爲朋人君但當退小人之僞朋用君

子之真朋其言懇惻詳盡其後諸公卒以黨議不得久

留於朝公性疾惡論事無所回避小人視之如仇讎而

公愈奮厲不顧上獨深知其忠改右正言知制誥賜三

品服仍知諫院故事知制誥必試上知公之文有旨不

試與近世楊文公陳文惠公比遂公三人而已嘗因奏

事論及人物上目公曰如歐陽脩何如得來蓋欲大用

而未果也四年大臣有言河東銀糧不足請廢麟州徙

治合河津或蕭啓其五寨命公往視利害公曰麟州天

嶮不可廢也麟州廢則五寨不可守五寨不守則府州

遂爲孤壘今五寨存故蔡在一二百里外若五寨廢則

夾河皆虜樂於河內州縣皆不安居矣不若分其兵駐

並河清寨緩急得以應援而平時可省轉輸由是麟

州

又言忻代州岢嵐火山軍並邊民田廢不耕而虜常盜所

耕者麟不耕而虜常盜所之若募民計口出

西山真文忠公續文章正宗二十卷 宋真德秀輯（圖2）

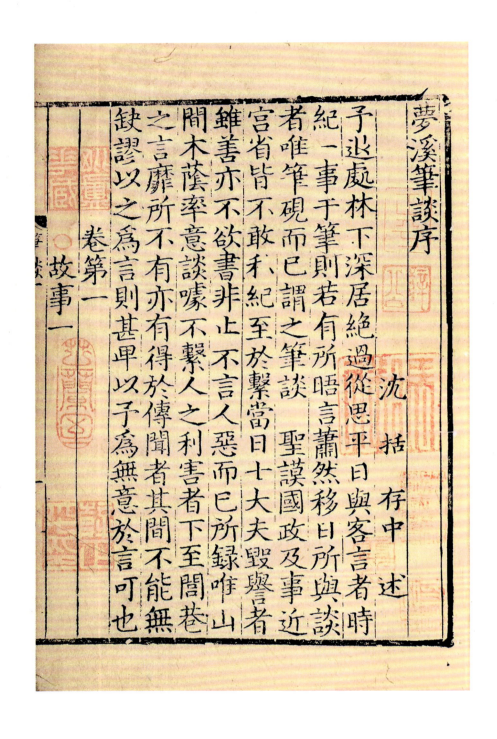

夢溪筆談序

沈　括　存中　述

子退處林下深居絕過從思平日與客言者時
紀一事于筆則若有所晤言蕭然移日所與談
者唯筆硯而已謂之筆談
宮省皆不敢私紀至於繫當日士大夫毀譽者
聖謨國政及事近
雖善亦不欲書非止不言人惡而已所録唯山
間木蔭率意談噱不繫人之利害者下至閭巷
之言靡所不有亦有得於傳聞者其間不能無
缺謬以之為言則甚卑以予為無意於言可也

卷第一
　故事一

九　夢溪筆談二十六卷　宋沈括撰　明刻本　存卷一至三　鈐印：正平、毗盧華藏、芷蘭室、薛正平印等（張玉坤藏）（圖1）

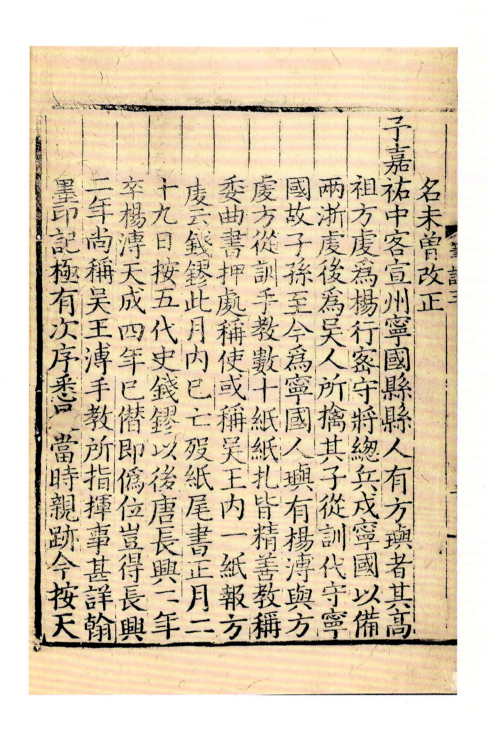

名未曾改正

子嘉祐中客宣州寧國縣縣人有方瑊者其高
祖方瑊爲楊行密守將總兵戍寧國以備
兩浙瑊後爲吳人所擒其子從訓代守寧
國故子孫至今爲寧國人瑊有楊溥與方
瑊方從訓手教數十紙紙扎皆精善教稱
委曲書押處稱使或稱吳王內一紙報方
瑊云鈇鏌此月內巳亡歿紙尾書正月二
十九日按五代史錢鏐以後唐長興二年
卒楊溥天成四年巳僭即僞位豈得長興
二年尚稱吳王溥手教所指揮事甚詳翰
墨印記極有次序悉□　當時親跡今按天

夢溪筆談二十六卷　宋沈括撰（圖2）

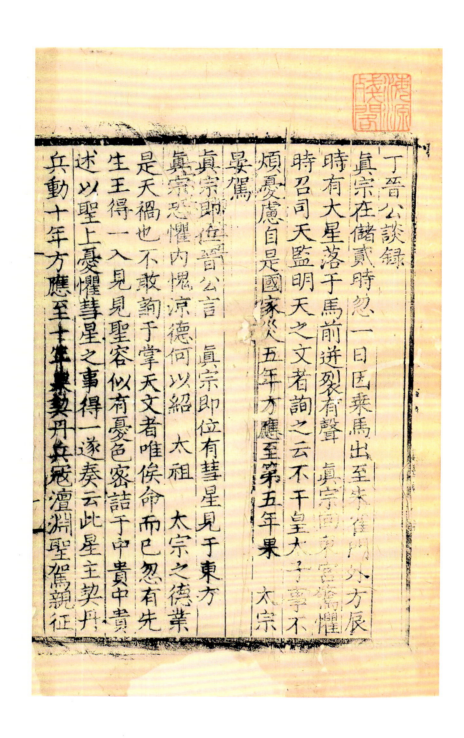

十　丁晉公談錄一卷　不著撰人姓氏　明弘治十四年華珵覆宋咸淳刻《百川學海》本　鈐印：海源殘閣（張玉坤藏）（圖1）

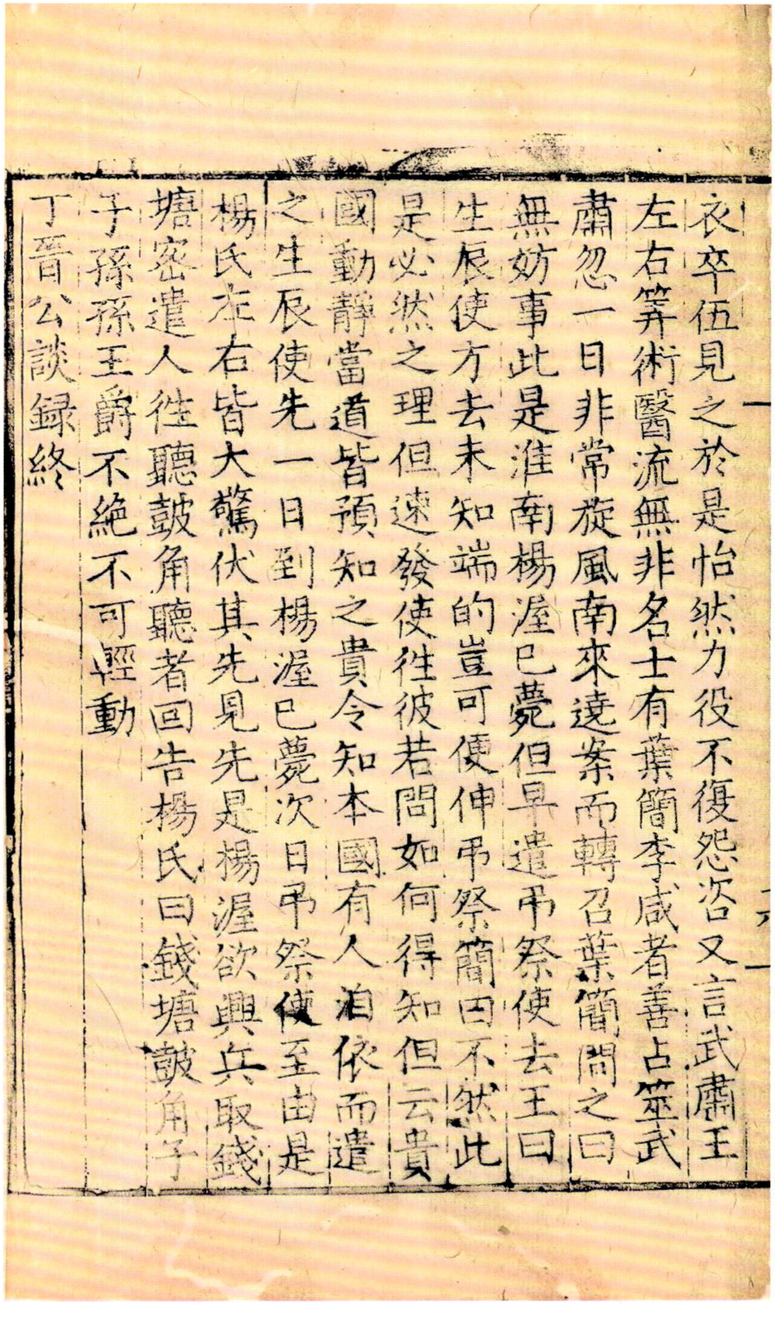

衣卒伍見之於是怡然力役不復怨咨又言武肅王
左右箏術醫流無非名士有葉簡李咸者善占筮武
肅忽一日非常旋風南來遠峯而轉召葉簡問之曰
無妨事此是淮南楊渥巳斃但早遣弔祭使去王曰
生辰使方去未知端的豈可便伸弔祭簡曰不然此
是必然之理但速發使往彼若問如何得知但云貴
國動靜當道皆預知之貴令知本國有人迫依而遣
之生辰使先一日到楊渥巳斃次日弔祭使至由是
楊氏左右皆大驚伏其先見先是楊渥欲興兵取錢
塘密遣人往聽鼓角聽者回告楊氏曰錢塘鼓角用
子孫孫王爵不絕不可輕動

丁晉公談錄終

丁晉公談錄一卷　不著撰人姓氏（圖2）

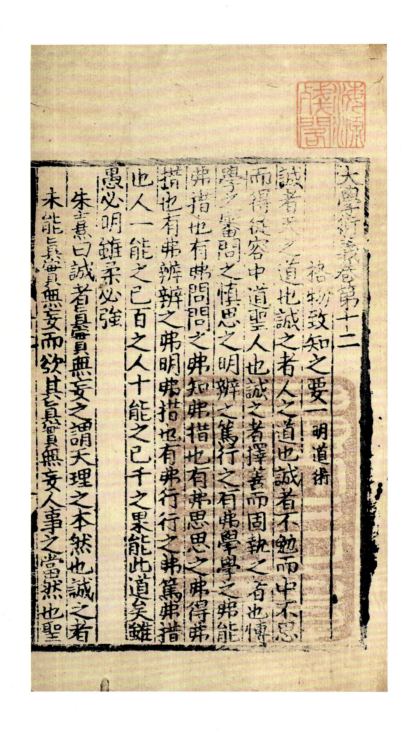

十一　大學衍義四十三卷 宋真德秀輯 元刻本 存卷十二 鈐印：正文齋藏、海
源殘閣（張玉坤藏）（圖1）

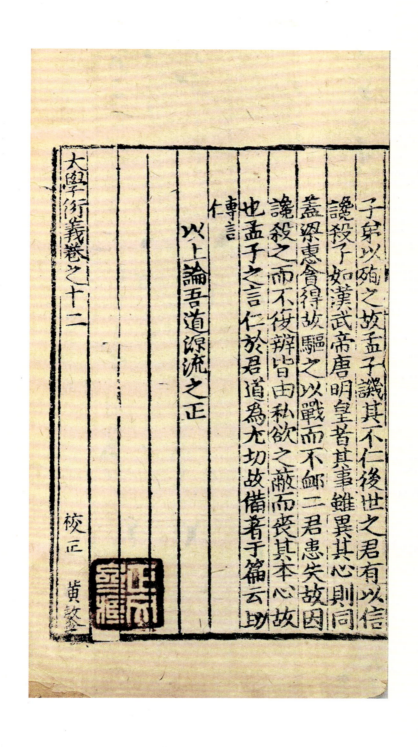

大學衍義四十三卷 宋真德秀輯（圖2）

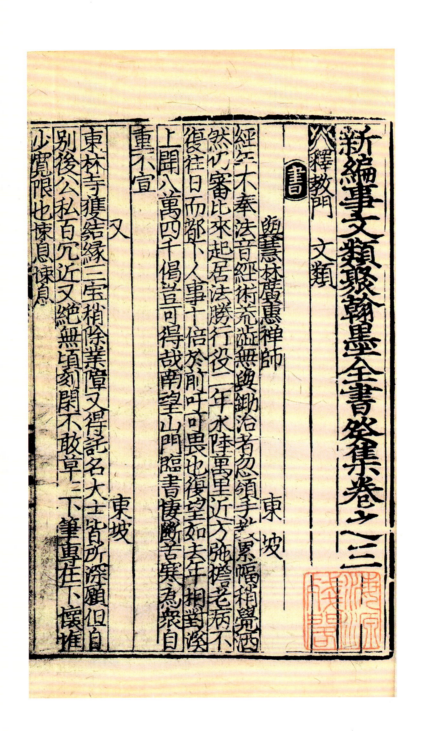

　十二　新編事文類聚翰墨全書一百三十四卷　元劉應李輯　元刻本　存癸集卷三
至四　鈐印：海源殘閣（張玉坤藏）（圖1）

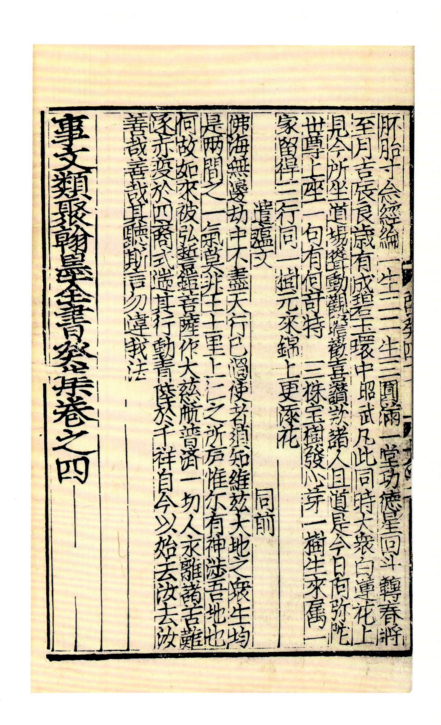

新編事文類聚翰墨全書一百三十四卷　元劉應李輯（圖2）

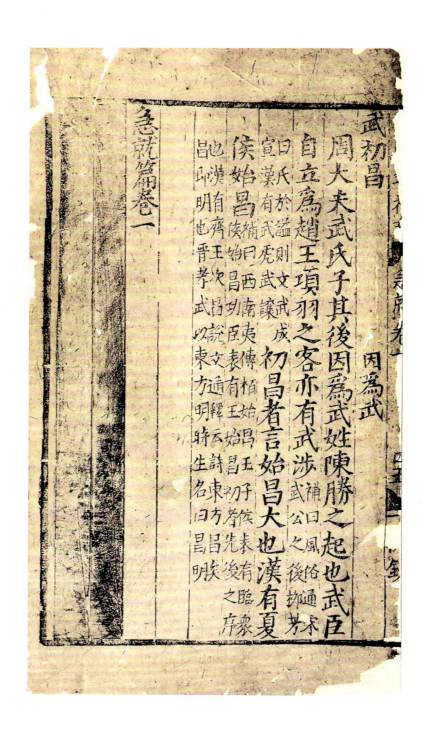

十三　急就篇四卷　漢史游撰　唐顏師古注　宋王應麟補注　元刻《玉海》本　存卷一至二　鈐印：楊印承訓（張玉坤藏）（圖1）

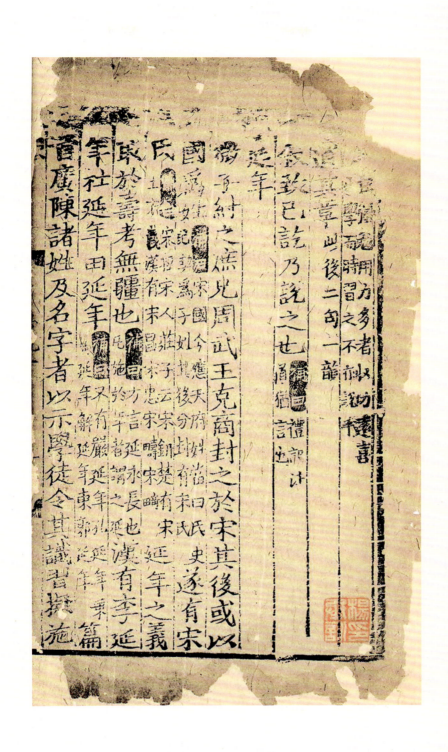

急就篇四卷　漢史游撰　唐顏師古注　宋王應麟補注（圖2）

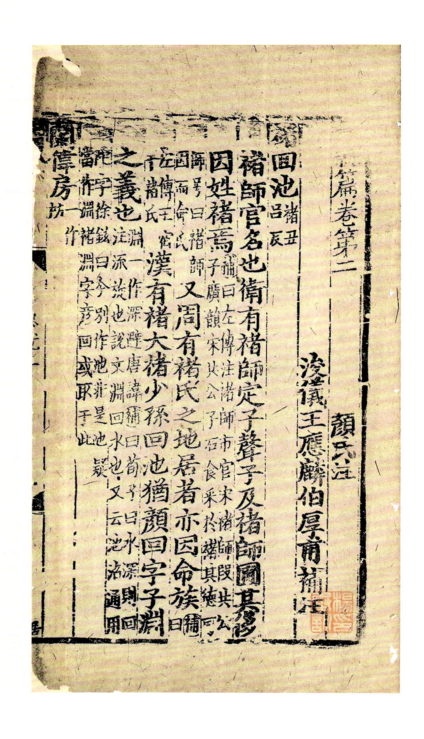

急就篇四卷　漢史游撰　唐顏師古注　宋王應麟補注（圖3）

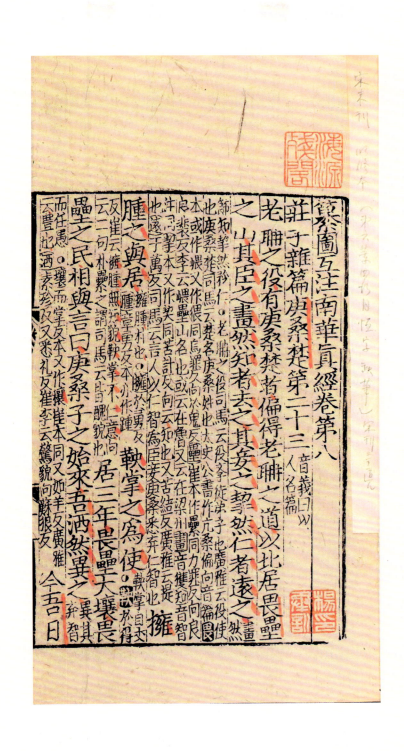

十四　纂圖互注南華真經十卷　晉郭象注　唐陸德明音義　元刻本　存卷八　鈐印：
海源殘閣、楊印承訓（張玉坤藏）（圖1）

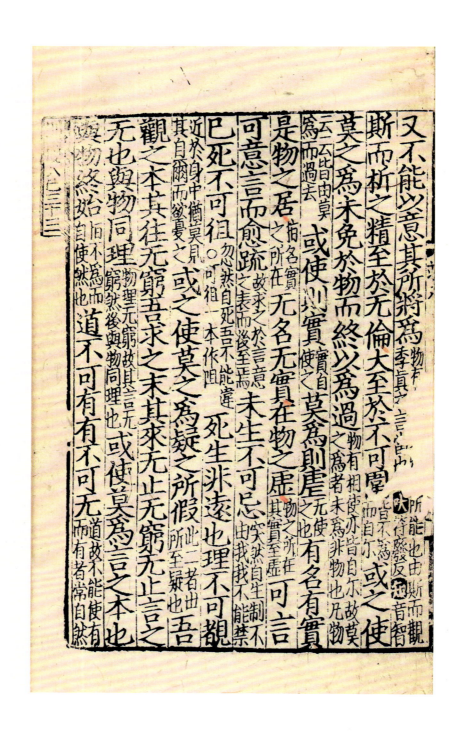

纂圖互注南華真經十卷　晉郭象注　唐陸德明音義（圖２）

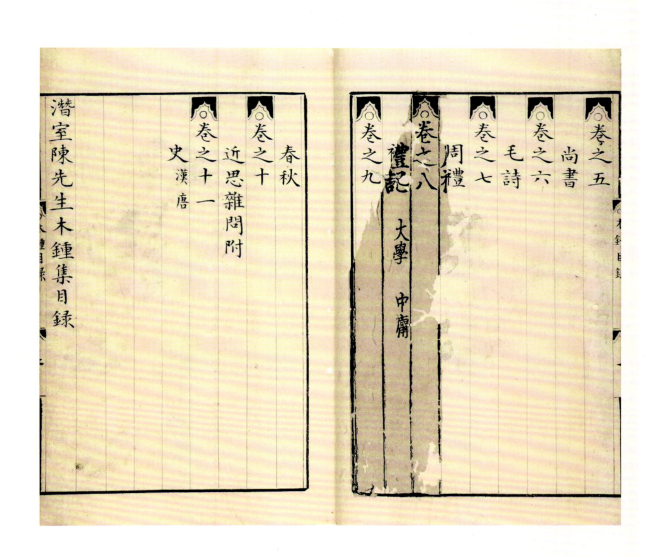

十五　潛室陳先生木鍾集十一卷　宋陳埴撰　元刻本　存卷一　鈐印：南平余氏珍
藏圖書、海源殘閣（張玉坤藏）（圖1）

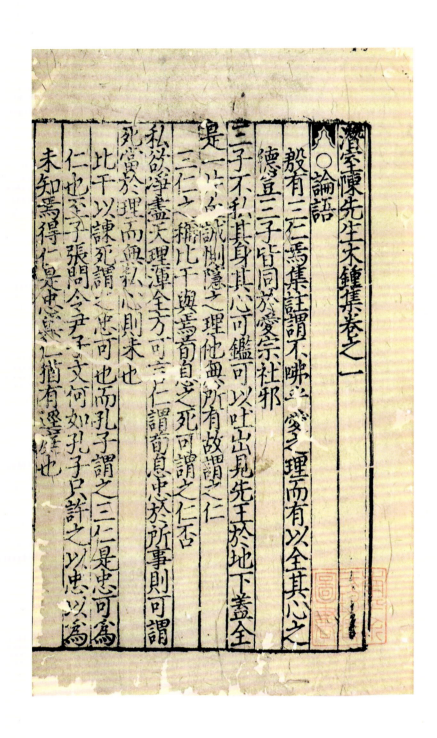

潛室陳先生木鍾集十一卷　宋陳埴撰（圖2）

潛室陳先生木鍾集十一卷 宋陳埴撰（圖3）

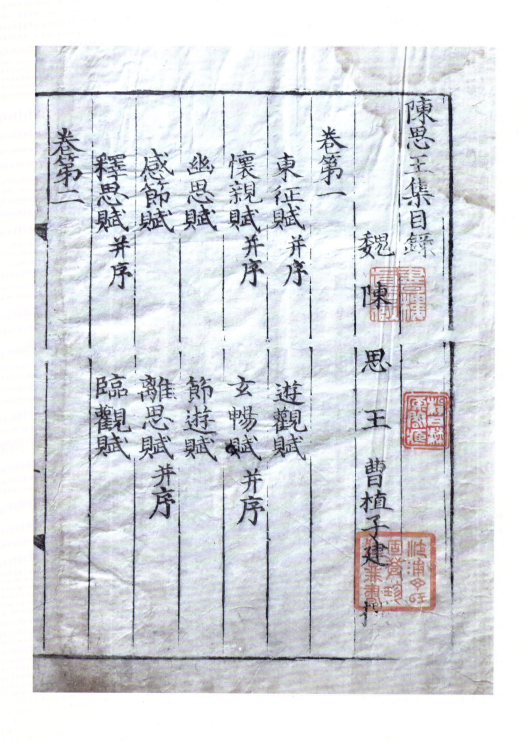

十六　陳思王集十卷　魏曹植撰　明刻本　鈐印：沙浦丁氏固荄珍藏圖書、書樓真藏、保彝私印、鳳阿、楊氏海源閣藏（謝呈波藏）（圖1）

陳思王集十卷 魏曹植撰（圖2）

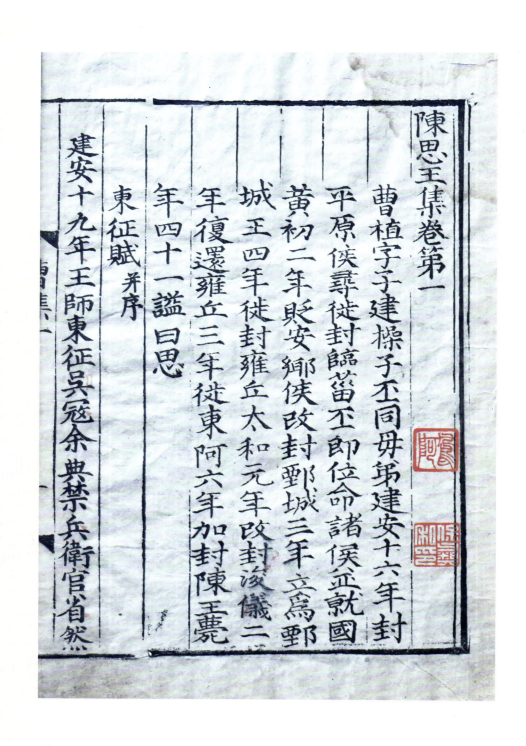

陳思王集卷第一

曹植字子建標子丕同母弟建安十六年封
平原侯尋徙封臨菑丕即位命諸侯並就國
黃初二年貶安鄉侯改封鄄城三年立為鄄
城王四年徙封雍丘太和元年改封後儀二
年復還雍丘三年徙東阿六年加封陳王薨
年四十一諡曰思

東征賦 并序

建安十九年王師東征吳寇余典禁兵衛官省然

陳思王集十卷 魏曹植撰（圖3）

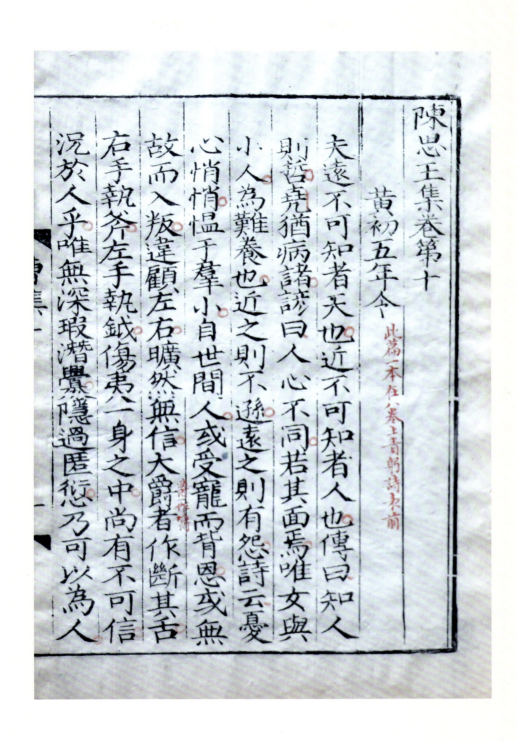

陳思王集十卷 魏曹植撰（圖4）

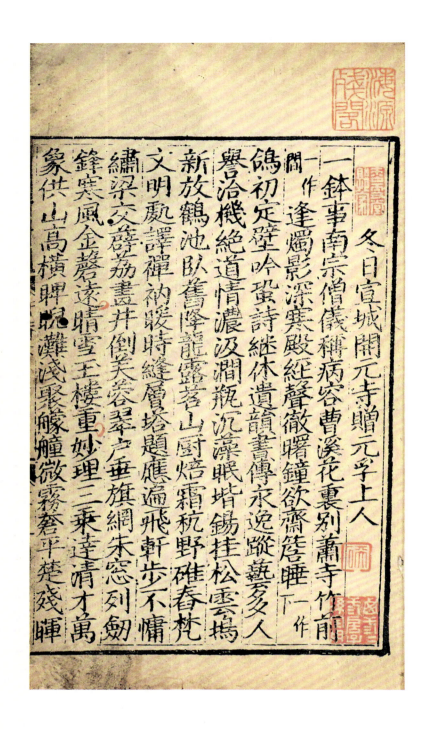

十七　增廣音注唐鄆州刺史丁卯詩集二卷　唐許渾撰　元祝德子訂正　元刻本　存
卷下　鈐印：天石、西三三三房子孫寶用、濰縣郭氏小眉州館印、海源殘閣等（張玉
坤藏）（圖1）

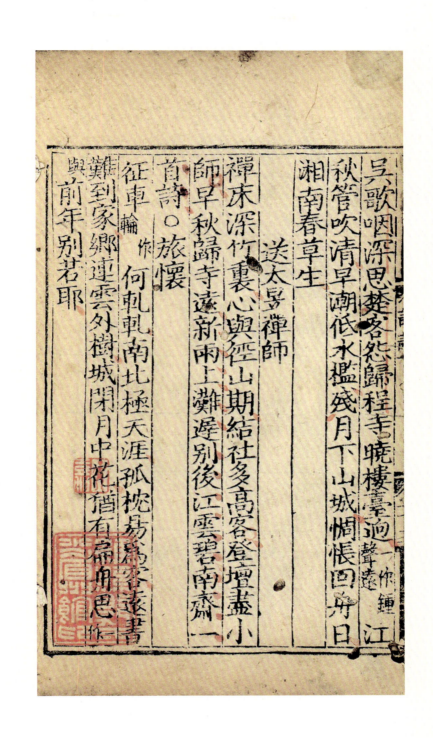

增廣音注唐郢州刺史丁卯詩集二卷　唐許渾撰　元祝德子訂正（圖2）

十八　分類補注李太白詩二十五卷　唐李白撰　宋楊齊賢集注　元蕭士贇補注　元
建安余氏勤有堂刻明修本　存卷二　鈐印：海源殘閣（張玉坤藏）（圖1）

分類補注李太白詩二十五卷　唐李白撰　宋楊齊賢集注　元蕭士贇補注（圖2）

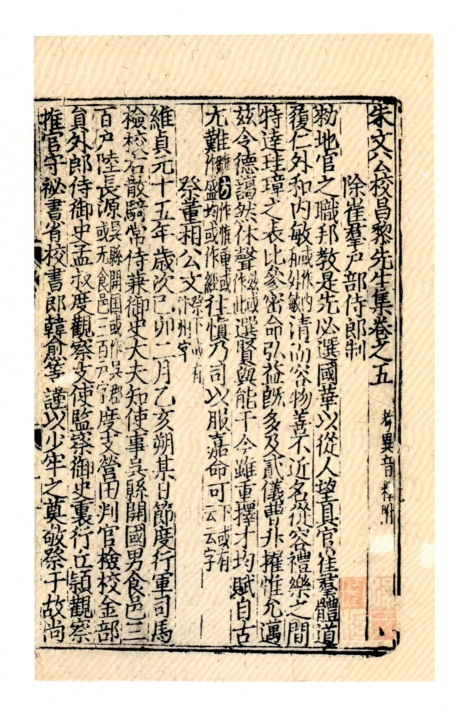

十九　朱文公校昌黎先生集四十卷外集十卷遺文一卷　唐韓愈撰　宋朱熹考異　宋王
伯大音釋　元日新堂刊遞修本　存外集卷五　鈐印：孫氏珍藏（張玉坤藏）（圖1）

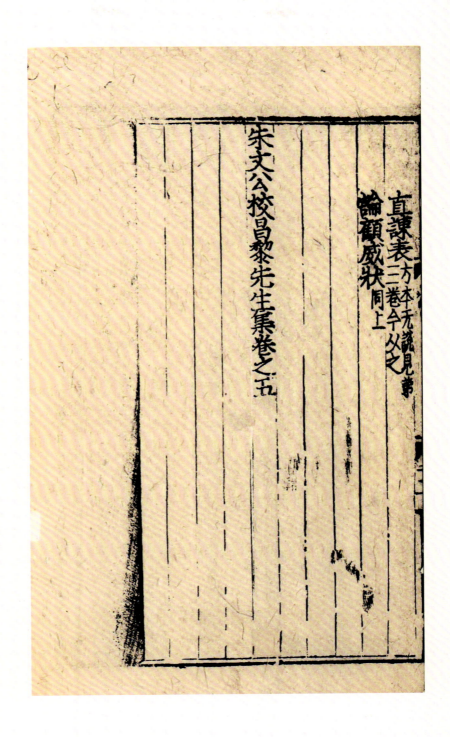

朱文公校昌黎先生集四十卷外集十卷遺文一卷　唐韓愈撰　宋朱熹考異　宋王伯

大音釋（圖2）

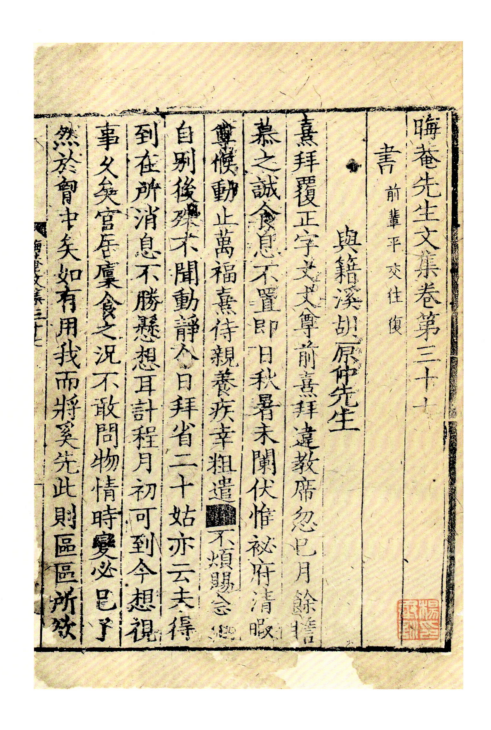

　二十　晦菴先生文集一百卷　宋朱熹撰　宋浙刻本　卷三十七　鈐印：楊印承訓
（張玉坤藏）（圖1）

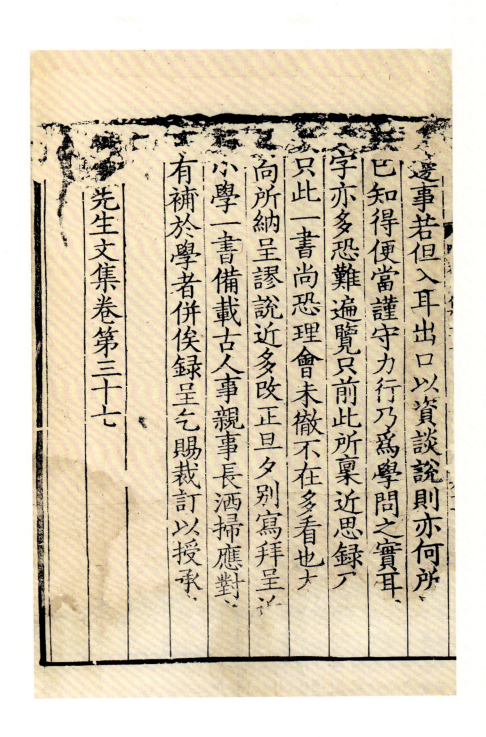

遶事若但入耳出口以資談說則亦何所

巳知得便當謹守力行乃為學問之實耳

字亦多恐難遍覽只前此所稟近思錄六

只此一書尚恐理會未徹不在多看也六

向所納呈謬說近多改正旦夕別寫拜呈

小學一書備載古人事親事長洒掃應對

有補於學者併俟錄呈乞賜裁訂以授承

先生文集卷第三十七

晦菴先生文集一百卷　宋朱熹撰（圖2）

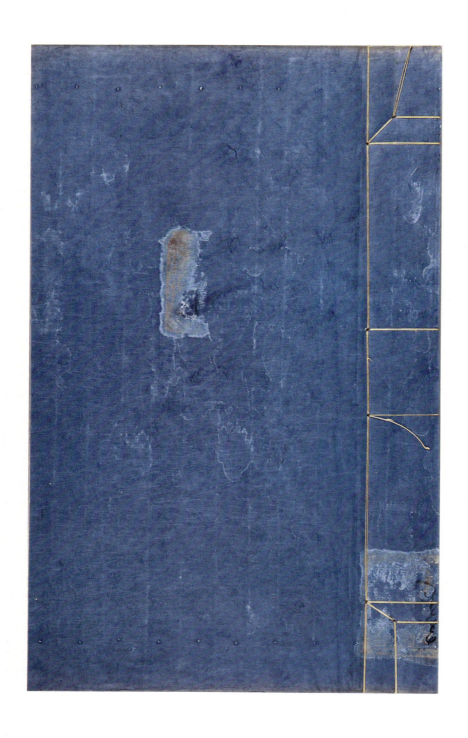

　　二十一　文選六十卷 南朝梁蕭統輯 唐李善、呂延濟、劉良、張銑、呂向、李周
翰注 宋贛州州學刻宋元遞修本 存卷九、十 鈐印：海源殘閣、楊印承訓（張玉坤藏）
（圖1）

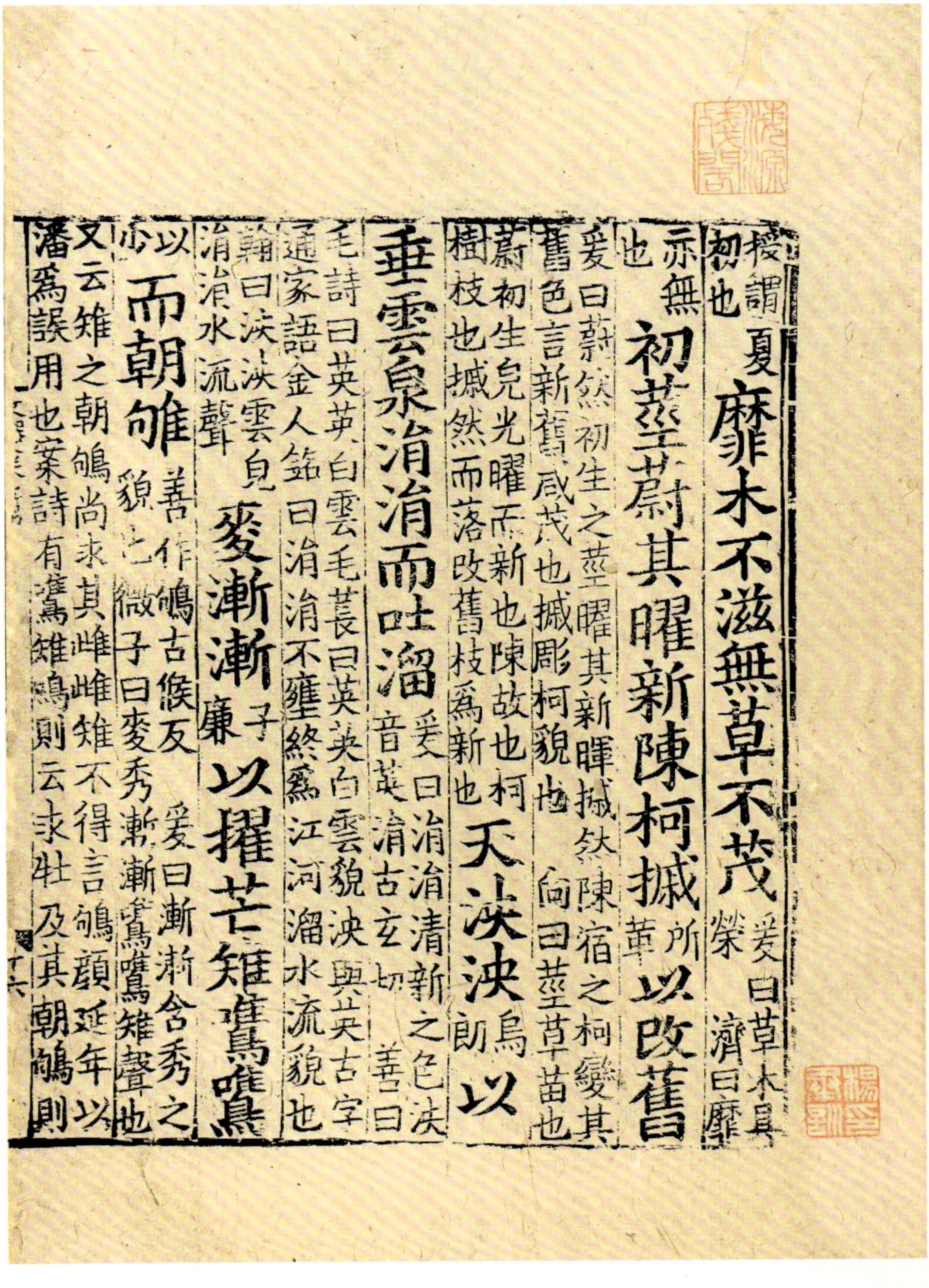

授謂初也 夏靡木不滋無草不茂 爰曰草木具榮 濟曰靡
亦無也 初莖蔚其曜新陳柯擑 所華 以改舊
爰曰蔚然初生之莖曜其新暉擑然陳宿之柯變其
舊色言新舊咸茂也擑彫柯貌也 向曰莖草苗也
蔚初生皃光曜而新也陳故也柯
樹枝也擑然而落改舊枝爲新也 天泱泱 烏朗 以
垂雲泉涓涓而吐溜 爰曰涓涓清新之色泱音莫 涓古玄切 善曰
毛詩曰英英白雲毛萇曰英英白雲貌泱與英古字
通家語金人銘曰涓涓不壅終爲江河溜水流貌也
翰曰泱泱雲皃涓涓水流聲 麥漸漸 子廉 以擢芒雉鷕鷕
以必 而朝雊 善作鴝古候反 爰曰漸漸含秀之
貌之微子曰麥秀漸漸鷕鷕雉聲也
文云雉之朝鴝尚求其雌雌雉不得言鴝顏延年以
潘爲誤用也案詩有鷕雉鳴則云求牡及其朝鴝則

文選六十卷 南朝梁蕭統輯 唐李善、吕延濟、劉良、張銑、吕向、李周翰注
（圖2）

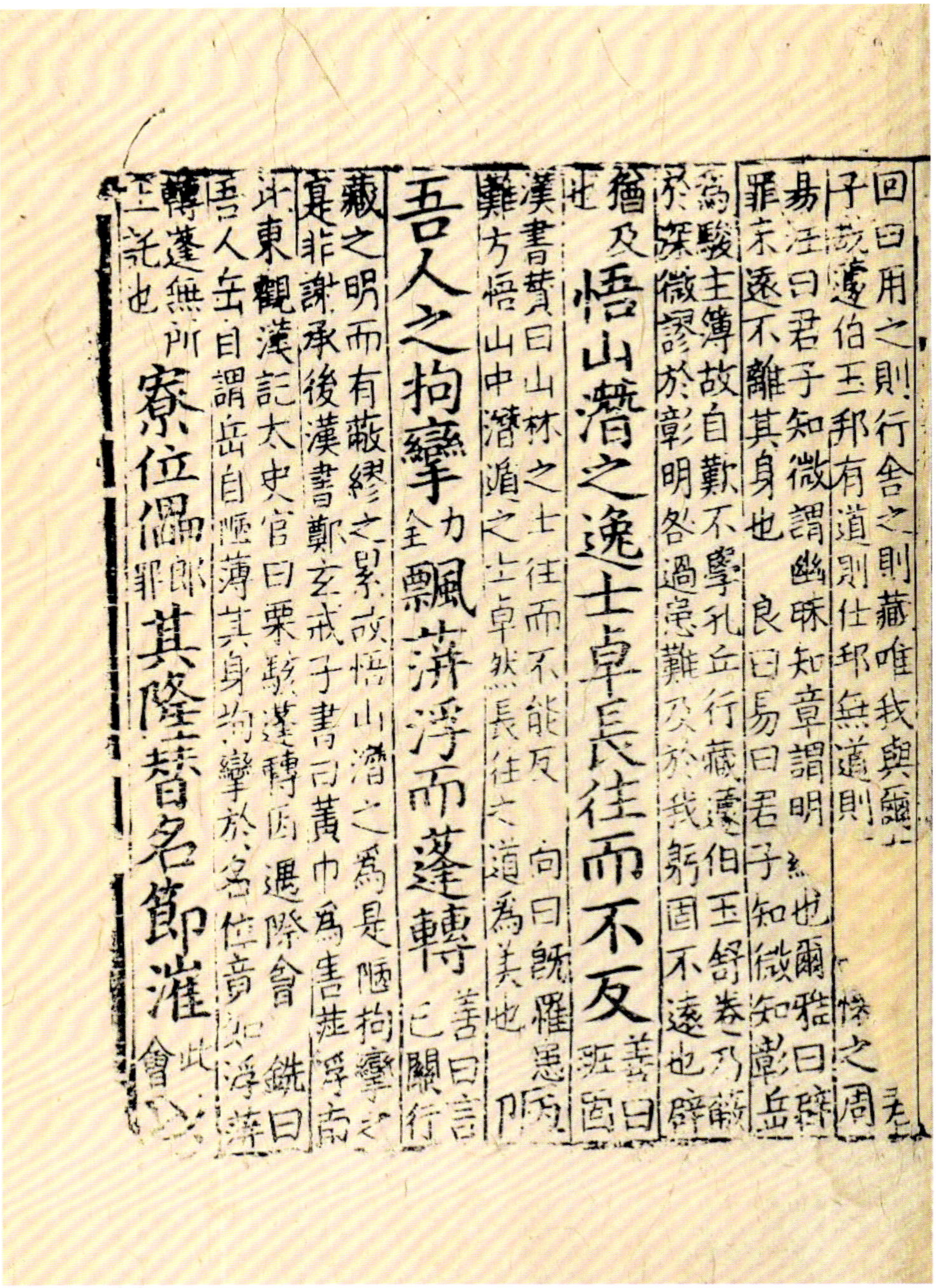

回曰用之則行舍之則藏唯我與爾有是夫
子哉蘧伯玉邦有道則仕邦無道則懷之周
易注曰君子知微謂幽昧知章謂明也爾雅曰辟
罪未遠不離其身也　良曰易曰君子知微知彰岳
為驂主簿故自歎不學孔丘行藏蘧伯玉舒卷乃蔽
於深微謬於彰明咎過寔難及於我躬固不遠也辟
猶及　悟山潛之逸士卓長往而不反　善曰注班固
漢書贊曰山林之士往而不能反　向曰既罹患阨
難方悟山中潛遁之士卓然長往之道為美也
吾人之拘攣力全飄萍浮而蓬轉　善曰言已闕行
藏之明而有蔽繆之累故悟山潛之為是陋拘攣之
是非謬承後漢書鄭玄戒子書曰黃巾為害萍浮南
北東觀漢記太史官曰栗駭蓬轉因遇際會　銑曰
吾人岳自謂岳自陋薄其身拘攣於名位竟如浮萍
轉蓬無所　寮位儡郎罪其隆替名節漼以　此會
上託也

文選六十卷　南朝梁蕭統輯　唐李善、吕延濟、劉良、張銑、吕向、李周翰注（圖3）

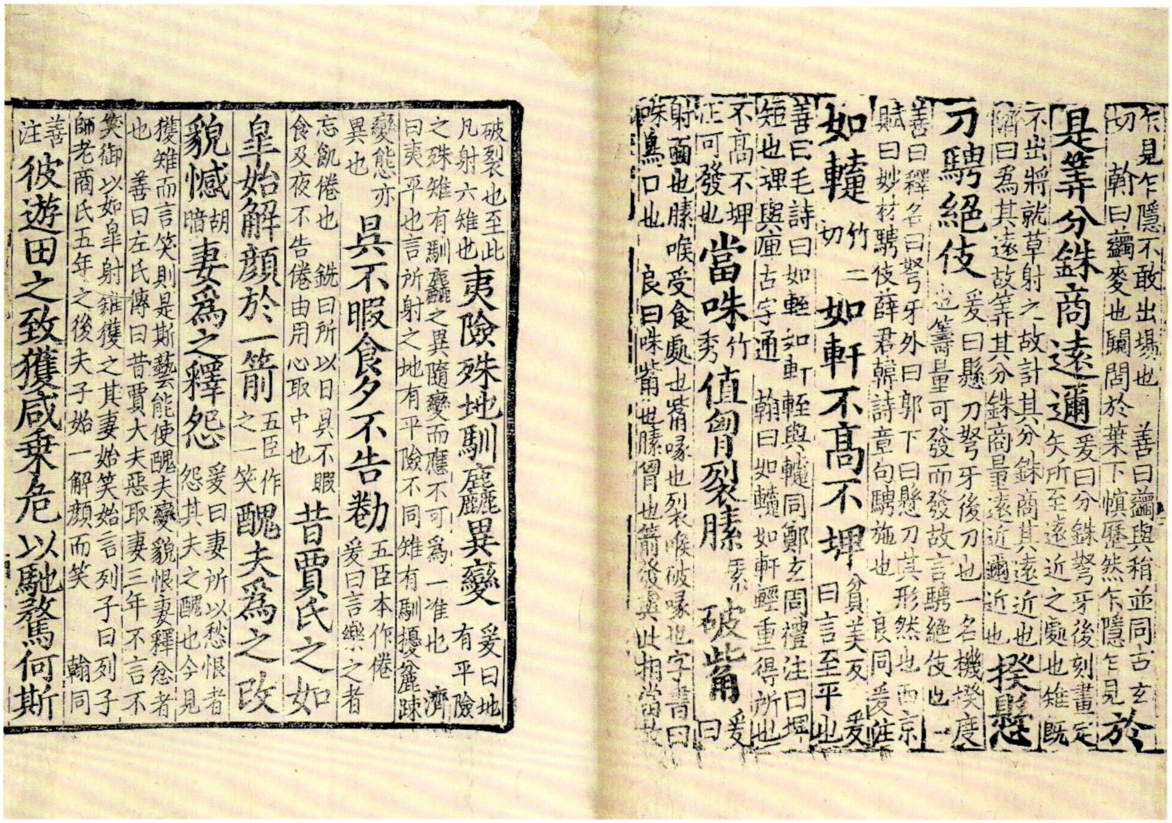

文選六十卷　南朝梁蕭統輯　唐李善、呂延濟、劉良、張銑、呂向、李周翰注（圖4）

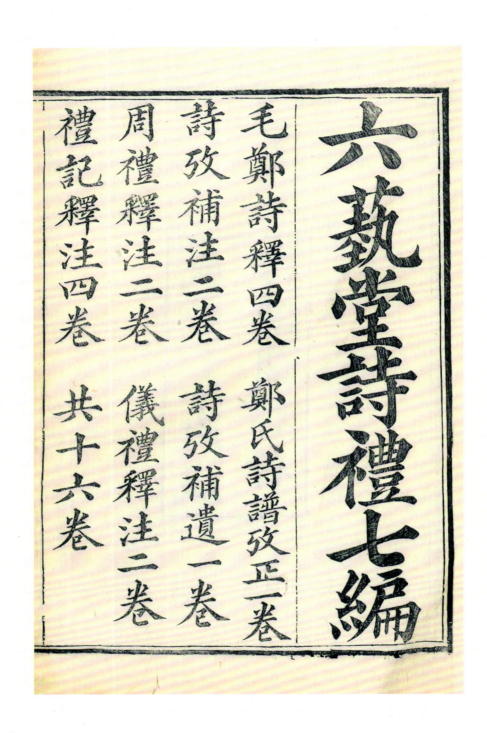

二十二　六藝堂詩禮七編　清丁晏撰　清咸豐二年海源閣刻本（丁延峰藏）

（圖1）

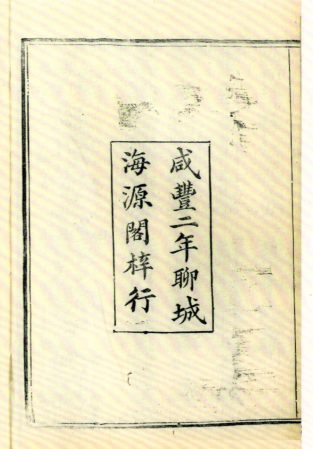

六藝堂詩禮七編敘

鄉先生北海鄭君經傳洽孰爲世儒宗其所注易書論語
皆佚今所傳者詩箋禮注而已自後儒空言義理而鄭君
之學微然王葆謂朱子詩集傳訓詁多用毛鄭朱子論孟
精義庠云漢儒正音讀通訓詁考制度辨名物其功博矣
學者苟不先涉其流則亦何以用力於此孟子集注以柏
舟爲衛之仁人白鹿洞賦廣青衿之疑問仍用毛鄭舊說
至儀禮經傳通解徵引三禮備載鄭注讀經而不由鄭學
猶欲入室而不由戶也山陽丁儉卿同年覃精研思諸經
皆有譔述篤好鄭學於詩箋禮注致力尤深以毛公之學

六藝堂詩禮七編　清丁晏撰（圖2）

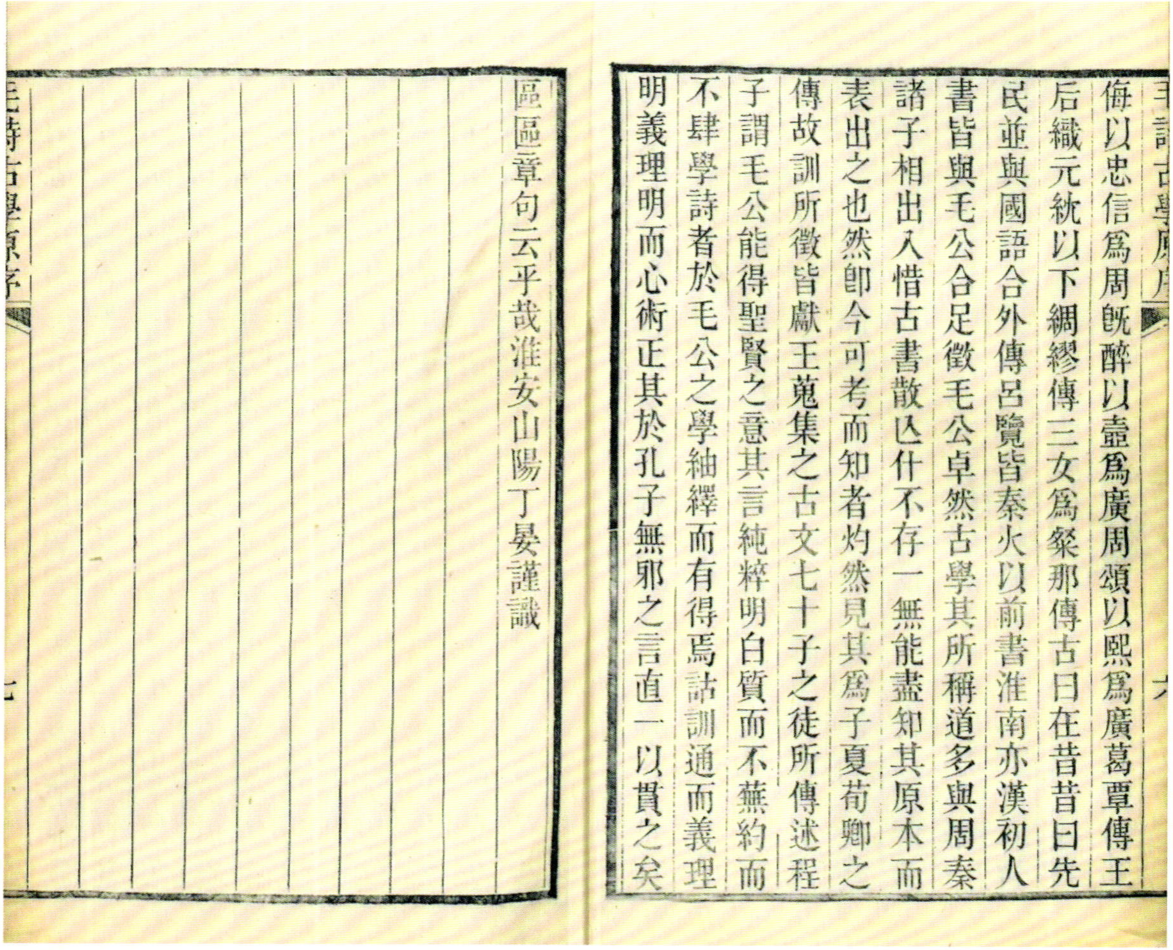

俗以忠信爲周旣醉以壺爲廣周頌以熙爲廣葛覃傳王
后織元紝以下綢繆傳三女爲粲那傳古日在昔昔日先
民並與國語合外傳呂覽皆秦火以前書淮南亦漢初人
書皆與毛公合足徵毛公卓然古學其所稱道多與周秦
諸子相出入惜古書散亡什不存一無能盡知其原本而
表出之也然即今可考而知者灼然見其爲子夏荀卿之
傳故訓所徵皆獻王蒐集之古文七十子之徒所傳述程
子謂毛公能得聖賢之意其言純粹明白質而不蕪約而
不肆學詩者於毛公之學紬繹而有得焉詁訓通而義理
明義理明而心術正其於孔子無邪之言直一以貫之矣

區區章句云平哉淮安山陽丁晏謹識

六藝堂詩禮七編　清丁晏撰（圖3）

毛鄭詩釋　卯卷

毛鄭詩釋自序

余年十五始得見毛詩注疏受而讀之其間故訓古文多
所疑滯久之得陳氏稽古編惠氏古義戴氏詩考正疏通
隱義啟迪蓬心然古義古音猶有未能盡釋者暇日以鄙
見鉤稽記於簡札積久成帙爲毛詩古學後又兼及鄭義
邇思博考用力綦勤迄今歷十有四年所得滋多因取舊
稿刪存什之五以少年精力所寄不忍棄擲聊過而存之
自知譾陋其於陳氏諸家之書無能爲役然續述之苦心
頗爲矜愼至於勦說雷同鑒空衡造二者之譏庶知微爾
錄既畢釐爲二卷改題曰毛鄭詩釋仍以毛詩古學舊序

六藝堂詩禮七編　清丁晏撰（圖4）

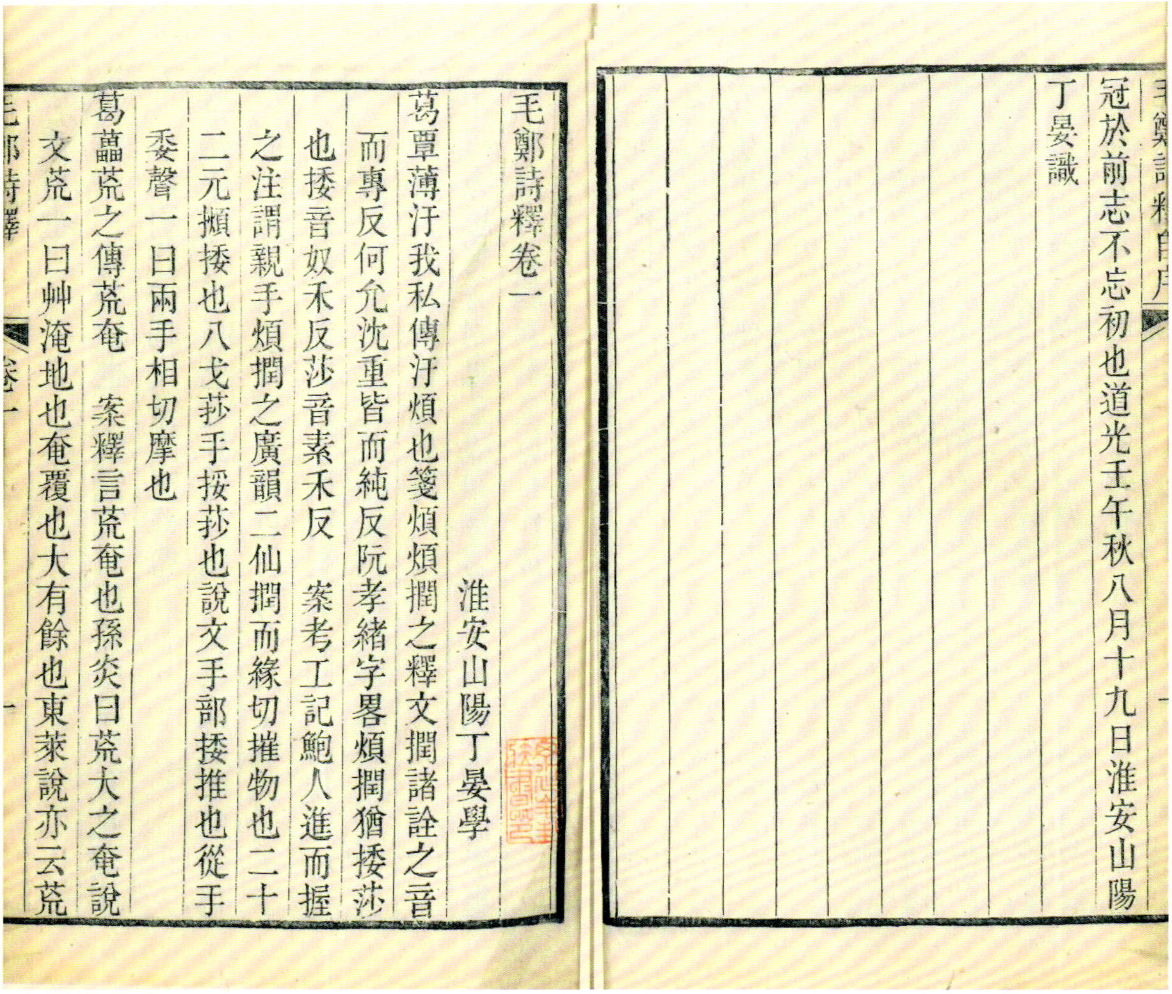

丁晏識

冠於前志不忘初也道光壬午秋八月十九日淮安山陽

毛鄭詩釋卷一

淮安山陽丁晏學

葛覃薄汙我私傳汙煩也箋煩煩捫之釋文捫諸詮之音
而專反何允沈重皆而純反阮孝緒字畧煩捫猶捼莎
也捼音奴禾反莎音素禾反　案考工記鮑人進而握
之注謂親手煩捫之廣韻二仙捫而緣切權物也二十
二元捫捼也八戈莎莏手捼也說文手部捼推也從手
委聲一曰兩手相切摩也

葛藟荒之傳荒奄　案釋言荒奄也孫炎曰荒大之奄說
文荒一曰艸淹地也奄覆也大有餘也東萊說亦云荒

六藝堂詩禮七編　清丁晏撰（圖5）

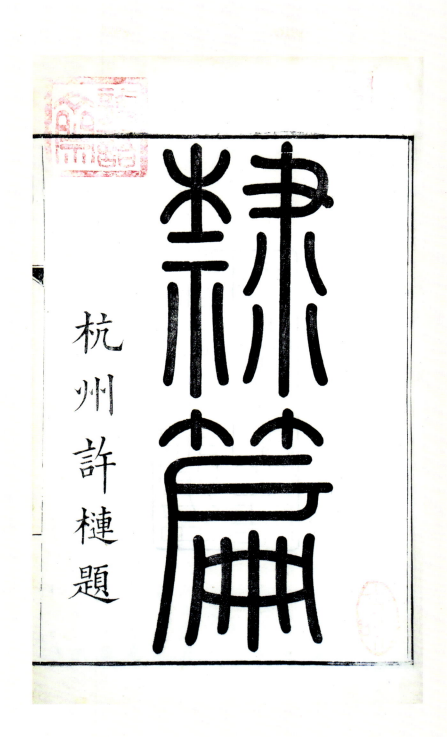

二十三　隸篇十五卷續十五卷再續增本十五卷　清翟云升撰　清道光十七年楊以
增等捐資刻本（丁延峰藏）（圖1）

隸篇序

東萊同年友翟君文泉性耽六書尤耆隸古吉金樂石捜奇日富蓋寢食於中者四十餘年近取所得金石選字雙鈎區分部類彙為隸篇一書陳偉堂少宰特嘉其體例之善信然而體例之在編字者所未暇及余復為約略言之夫隸法善變率似異而實同列在字書輒多分析是書編字概準類篇故著別於箸舂別於卷而主客互應其或因形易義之隸法昔不如今謂王非王撝非操者則詳加辨說成式如左一曰類篇一字每疊見數部彙揆以說文酌為位置循習俗無紕大氏然矣亦有銓量由心兹仍按所屬荊州從歸从是也一曰麓篇不收同音假借之字各主所屬荊篇所無而著其所通禎讀為禎琦讀為奇是也宇兹仍按偏旁繫之本部而著其所通禎讀為禎琦讀為奇是也與蓺也和生於祉話生於詰即以當祉與詰也一曰麓以損而為齋麓兩以益而潤萬王以譌而省王勒以誤而成鞝竄以轉移而得

隸篇易序

一

隸篇十五卷續十五卷再續增本十五卷　清翟云升撰（圖2）

俗皆以抵所當然作未嘗損益譌誤轉移觀也至於晧白字正從
日而類篇以爲從白寒涼字正從水而類篇以爲從父若此之疇
則不得趨非而偕是今矣又如尋不言故止故尋麗於寸
穰既省禾故康傳於庚此行權而不戾乎經者也凡與類篇依違
離合皆由精識靡不適宜編字體例如是書無發凡試以
此代之亦司馬溫公序類篇之意云爾道光十有八年歲在著雍
閹茂季夏之月聊攝東樵楊以增書於安襄郡荊道官舍

隸篇序
予年十三應童子試主羅君文泉家遂締交既而補博士弟子員
食廩領鄉薦皆同年情好彌篤予宦京師文泉來詣公車必
與數晨夕談笑歡洽一如在郡時今不與晤歷十六年矣前年秋
儕予中表弟譚怡堂攜所纂隸篇十五卷見示寓書曰是區區者
不足言著述況學殖淺研辨討論非疏即濫妻欲易稿因病未能
今出以就正者以君知我深當不我姍笑也時予承乏銓曹公冗
少暇退食之頃輒一繙閱卷既終持謂怡堂曰善哉此書之體例
平以部領字如枝附榦而筆迹各異者易於對觀也以摹代臨如
景隨形而楷式所存者期於曲肖从前所未有卽爲後來
所不可無矣且夫隸之爲字也兼正借判古今未諳乎此往往
受之說而義難通又如別體駁文在兩京亦所不免學者重於所
爲之用固宜然習矣而竟不察幾於是末師而非往古矣此書於
諸字悉爲著明或因委而溯原或假賓以定主可以扶羣經之絕

隸篇十五卷續十五卷再續增本十五卷 清翟云升撰（圖3）

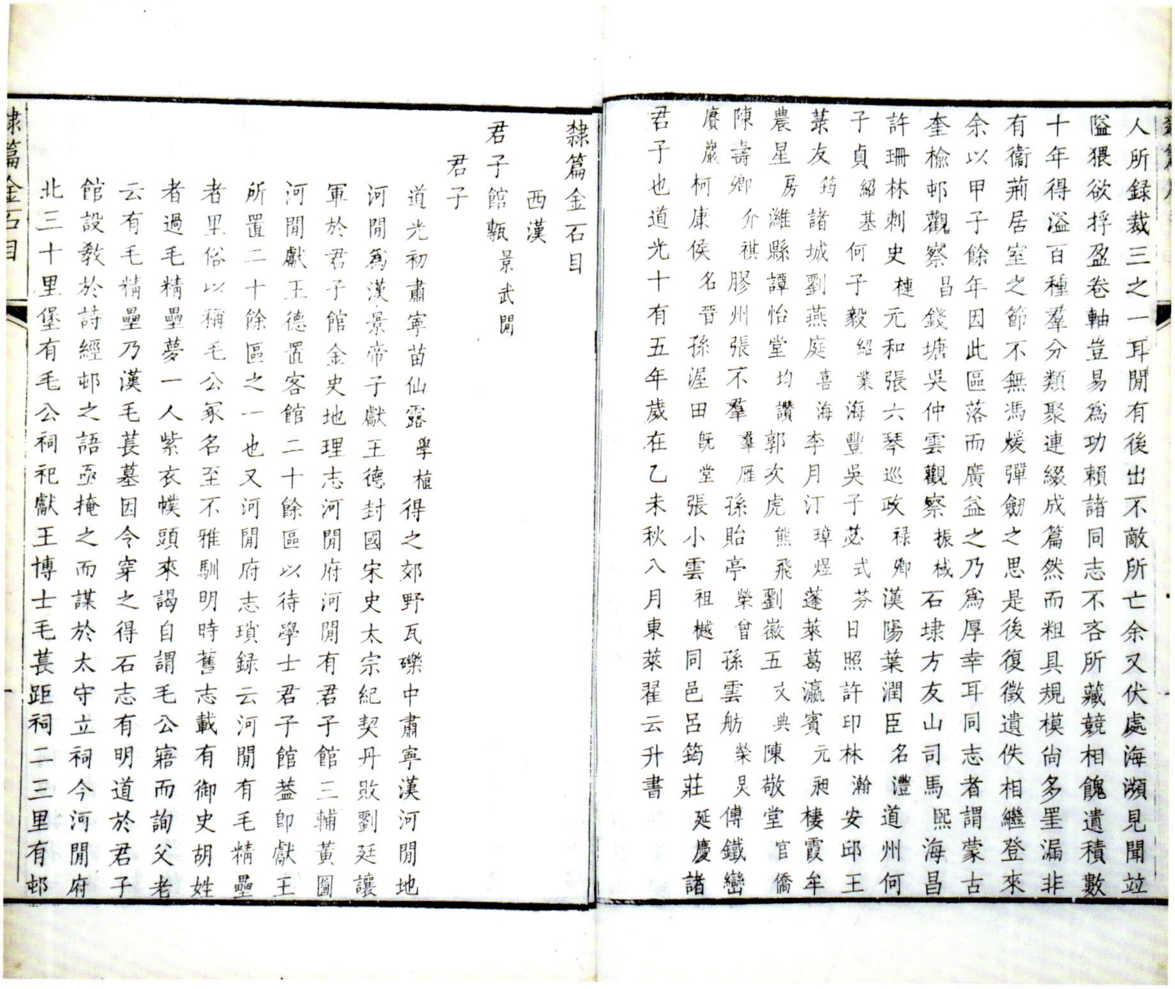

人所録裁三之一耳閒有後出不敵所亡余又伏處海澨見聞竝
隘猥欲捋盈卷軸豈易爲功賴諸同志不吝所藏競相餽遺積數
十年得溢百種羣分類聚連綴成篇然而粗具規模尚多罣漏非
有衛荊居室之節不無馮煖彈劍之思是後復徵遺佚相繼登來
余以甲子餘年因此區落而廣益之乃爲厚幸耳同志者謂蒙古
奎榆邨觀察 昌 錢塘吳仲雲觀察 振棫 石埭方友山司馬 熙 海昌
許珊林刺史 槤 元和張六琴巡政 祿卿 漢陽葉潤臣名 澧 道州何
子貞 紹基 何子毅 紹業 海豐吳子苾 式芬 日照許印林瀚 安邱王
菉友 筠 諸城劉燕庭 喜海 李月汀 璋煜 蓬萊葛瀛賓 元昶 棲霞牟
農星 房 濰縣譚怡堂 均讚 郭次虎 熊飛 劉嶽五 文典 陳敬堂 官僑
陳壽卿 介祺 膠州張不羣 羣雁 孫貽亭 棨 曾孫雲舫 棨炅 傅鐵巒
賡巖 柯康侯 名晉 孫渥田 既堂 張小雲 祖樾 同邑呂筠莊 延慶 諸
君子也道光十有五年歲在乙未秋八月東萊翟云升書

隸篇金石目

西漢

君子館甎 景武閒

君子

道光初肅寧苗仙露 學植 得之郊野瓦礫中肅寧漢河閒地
河閒爲漢景帝子獻王德封國宋史太宗紀契丹敗劉廷讓
軍於君子館金史地理志河閒府河閒有君子館三輔黃圖
河閒獻王德置客館二十餘區以待學士君子館葢卽獻王
所置二十餘區之一也又河閒府志瑣録云河閒有毛精壘
者里俗以稱毛公冢名至不雅馴明時舊志載有御史胡姓
者過毛精壘夢一人紫衣幞頭來謁自謂毛公寤而詢父老
云有毛精壘乃漢毛萇墓因令穿之得石志有明道於君子
館設教於詩經邨之語亟掩之而謀於太守立祠今河閒府
北三十里堡有毛公祠祀獻王博士毛萇距祠二三里有邨

隸篇金石目 一

隸篇十五卷續十五卷再續增本十五卷 清翟云升撰（圖4）

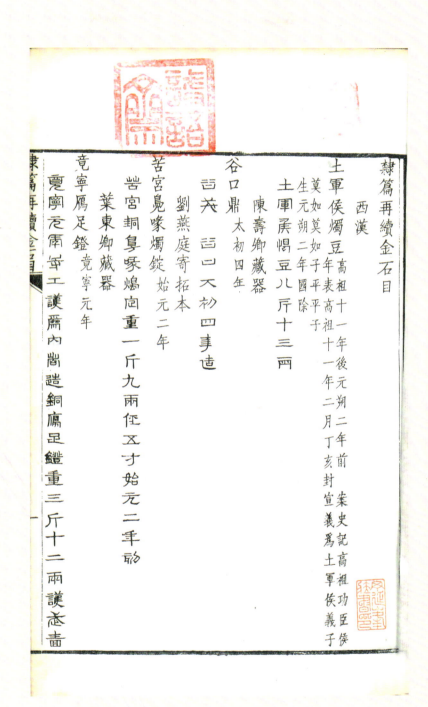

隸篇十五卷續十五卷再續增本十五卷 清翟云升撰（圖5）

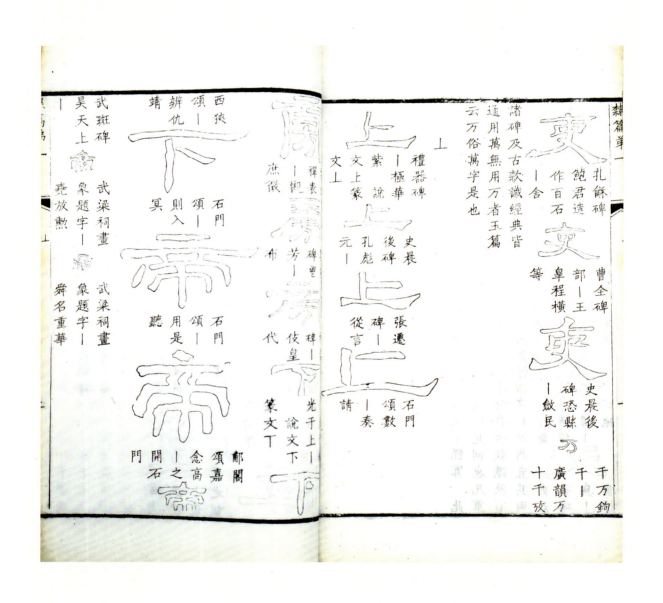

隸篇十五卷續十五卷再續增本十五卷 清翟云升撰（圖6）

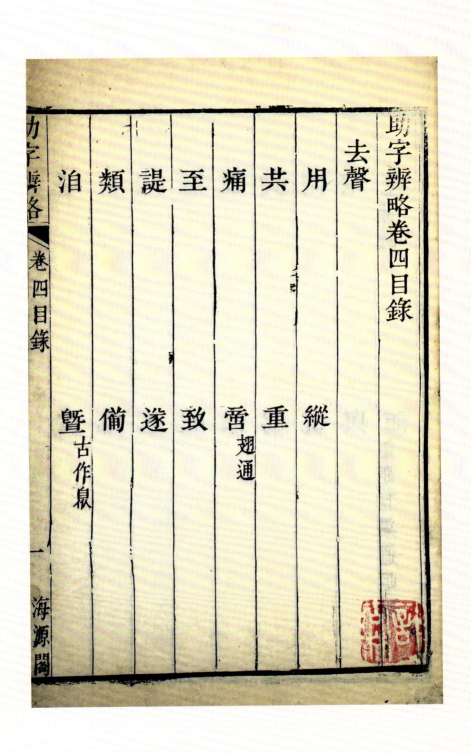

二十四　助字辨略五卷　清劉淇撰　清咸豐五年海源閣刻本（丁延峰藏）（圖1）

朝治定功成禮明樂備而禮樂之用施

矣我

敬樂主和敬以和何事不行斯之謂

之時學術正吏道隆民業安蓋禮主

君子曰禮樂不可斯湏去身是以古

序

二十五　釋奠考一卷中龢韶樂一卷禮器樂器全圖一卷　清桂良輯　清咸豐元年楊

以增刻本（丁延峰藏）（圖1）

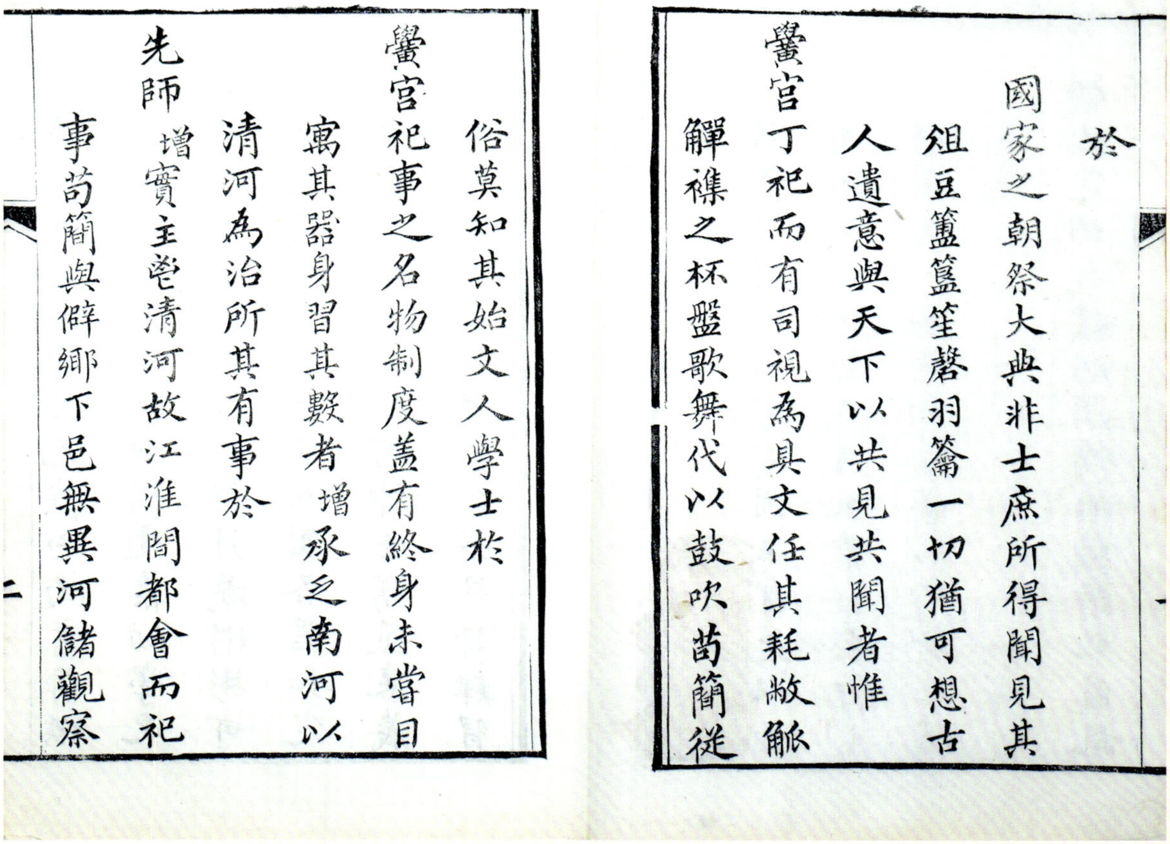

國家之朝祭大典非士庶所得聞見其
俎豆簠簋笙磬羽籥一切猶可想古
人遺意與天下以共見共聞者惟
黌宮丁祀而有司視為具文任其耗敝
觶襶之杯盤歌舞代以鼓吹茍簡從
於

俗莫知其始文人學士於
黌宮祀事之名物制度蓋有終身未嘗目
寓其器身習其數者增承乏南河以
清河為治所其有事於
先師 增實主營清河故江淮間都會而祀
事苟簡與僻鄉下邑無異河儲觀察
二

釋奠考一卷中龢韶樂一卷禮器樂器全圖一卷　清桂良輯（圖2）

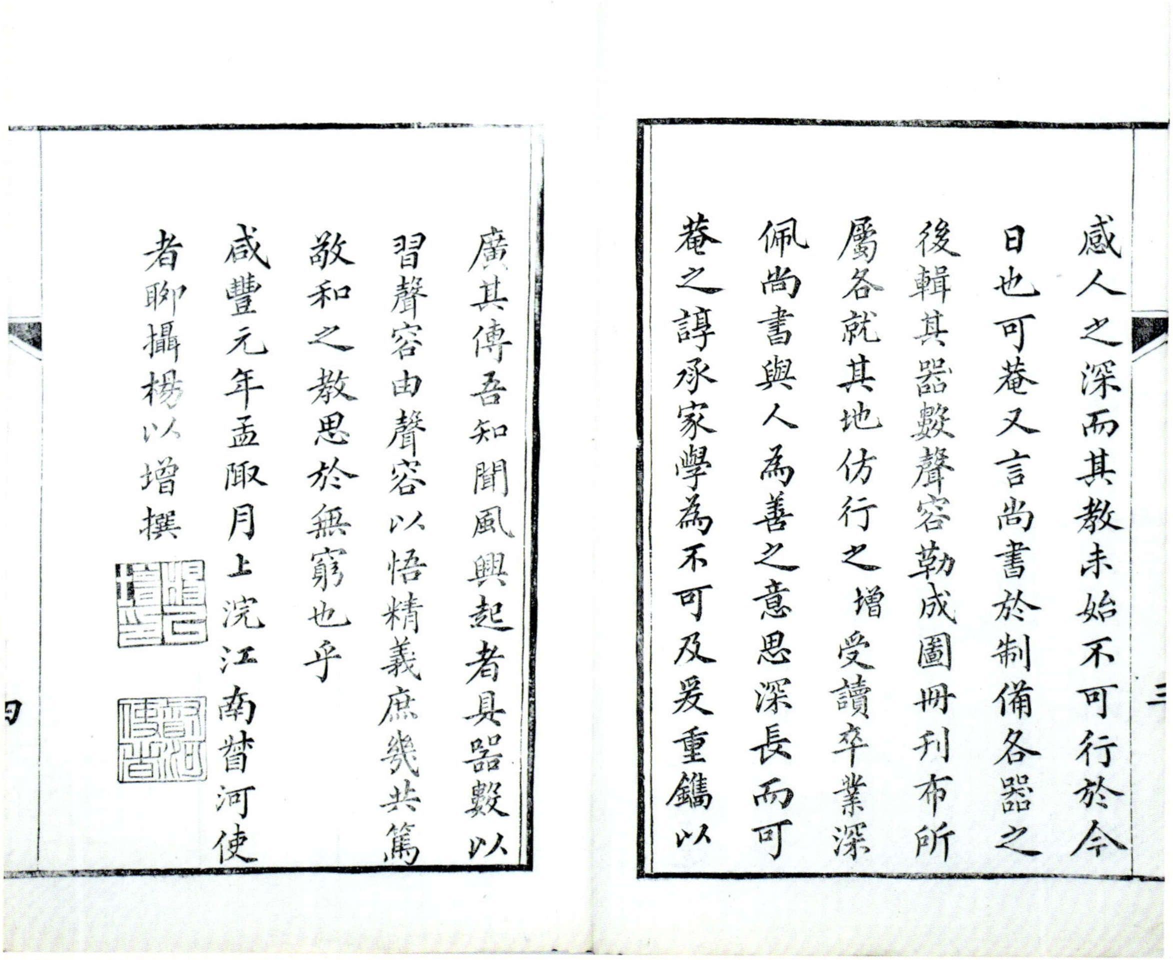

感人之深而其教未始不可行於今
日也可菴又言尚書於制備各器之
後輯其器數聲容勒成圖冊刊布所
屬各就其地仿行之增受讀卒業深
佩尚書與人為善之意思深長而可
菴之醇承家學為不可及爰重鑴以

廣其傳吾知聞風興起者具器數以
習聲容由聲容以悟精義庶幾共篤
敬和之教思於無窮也乎
咸豐元年孟陬月上浣江南督河使
者聊攝楊以增撰

釋奠考一卷中龢韶樂一卷禮器樂器全圖一卷 清桂良輯（圖３）

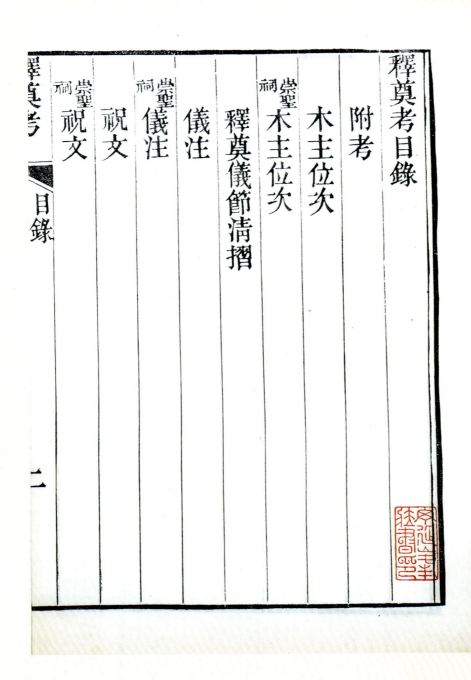

釋奠考一卷中龢韶樂一卷禮器樂器全圖一卷 清桂良輯（圖4）

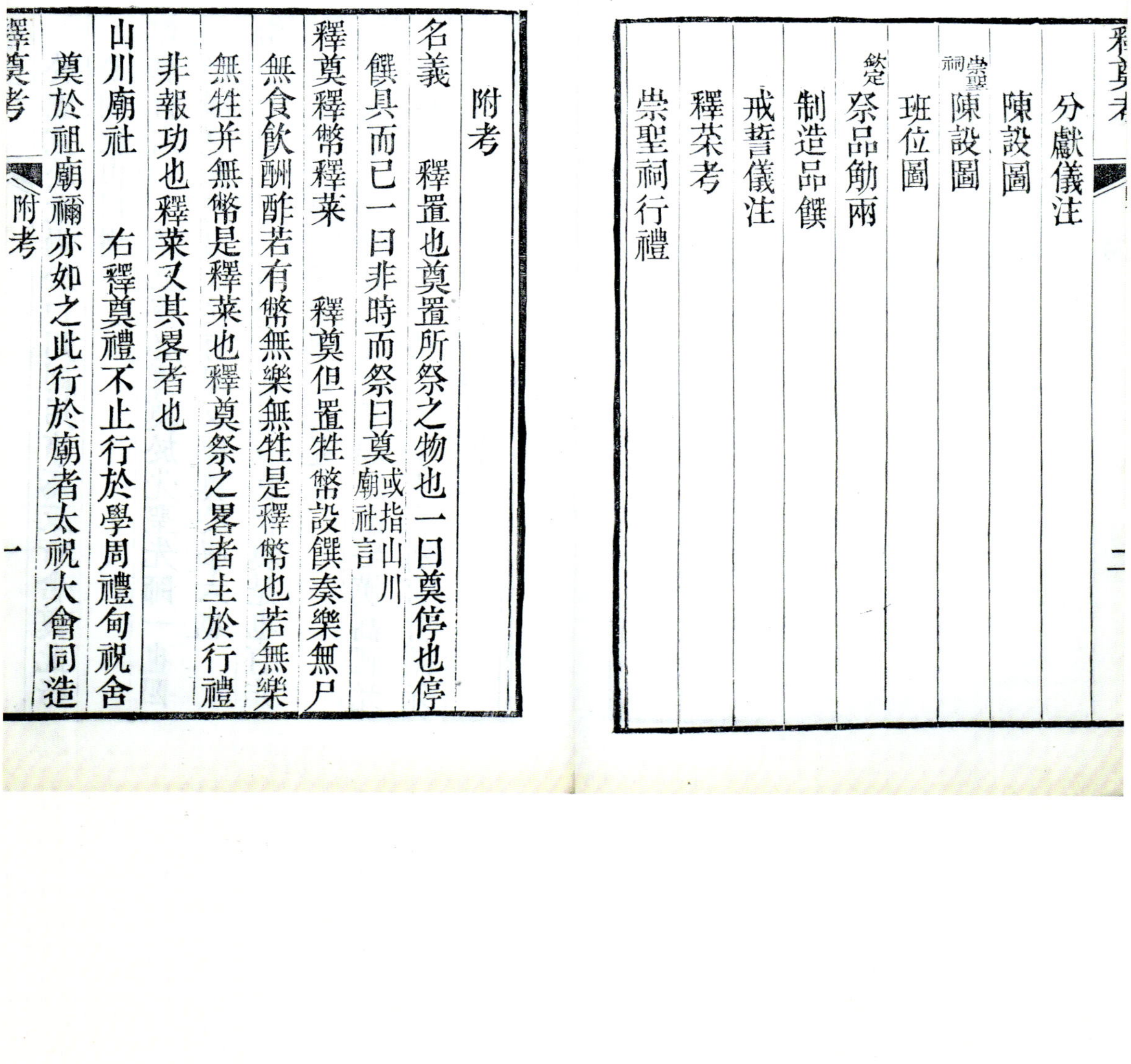

釋奠考

分獻儀注
陳設圖
崇聖祠陳設圖
班位圖
籩豆祭品勺兩
制造品饌
戒誓儀注
釋菜考
崇聖祠行禮

釋奠考　　附考

附考

名義　釋置也奠置所祭之物也一曰奠停也停
饌具而已一日非時而祭曰奠　或指山川廟社言
釋奠釋幣釋菜　釋奠但置牲幣設饌奏樂無尸
無食飲酬酢若有幣無樂無牲也若無樂
無牲并無幣是釋幣也釋奠祭之畧者主於行禮
非報功也釋菜又其畧者也
山川廟社　右釋奠禮不止行於學周禮旬祝舍
奠於祖廟禘禴亦如之此行於廟者太祝大會同造

釋奠考一卷中龢韶樂一卷禮器樂器全圖一卷　清桂良輯（圖5）

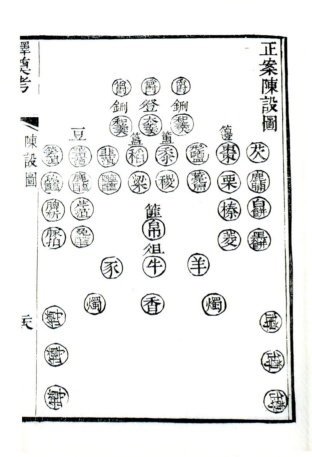

釋奠考一卷中龢韶樂一卷禮器樂器全圖一卷 清桂良輯（圖6）

樂譜目錄

樂懸考
合樂節奏
樂懸舞佾圖
月律旋空圖
樂器各圖譜附
欽直省樂章
轉班鼓譜有圖
歌譜

中龢韶樂

釋奠考一卷中龢韶樂一卷禮器樂器全圖一卷 清桂良輯（圖7）

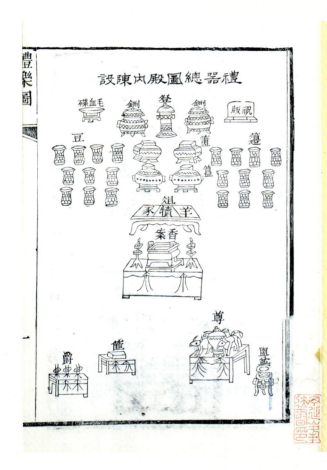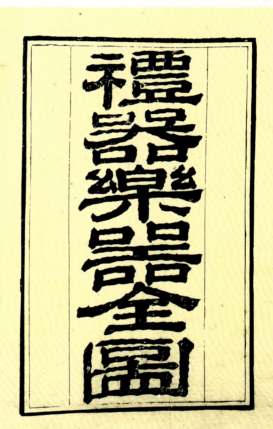

釋奠考一卷中龢韶樂一卷禮器樂器全圖一卷 清桂良輯（圖8）

釋奠考一卷中龢韶樂一卷禮器樂器全圖一卷 清桂良輯（圖9）

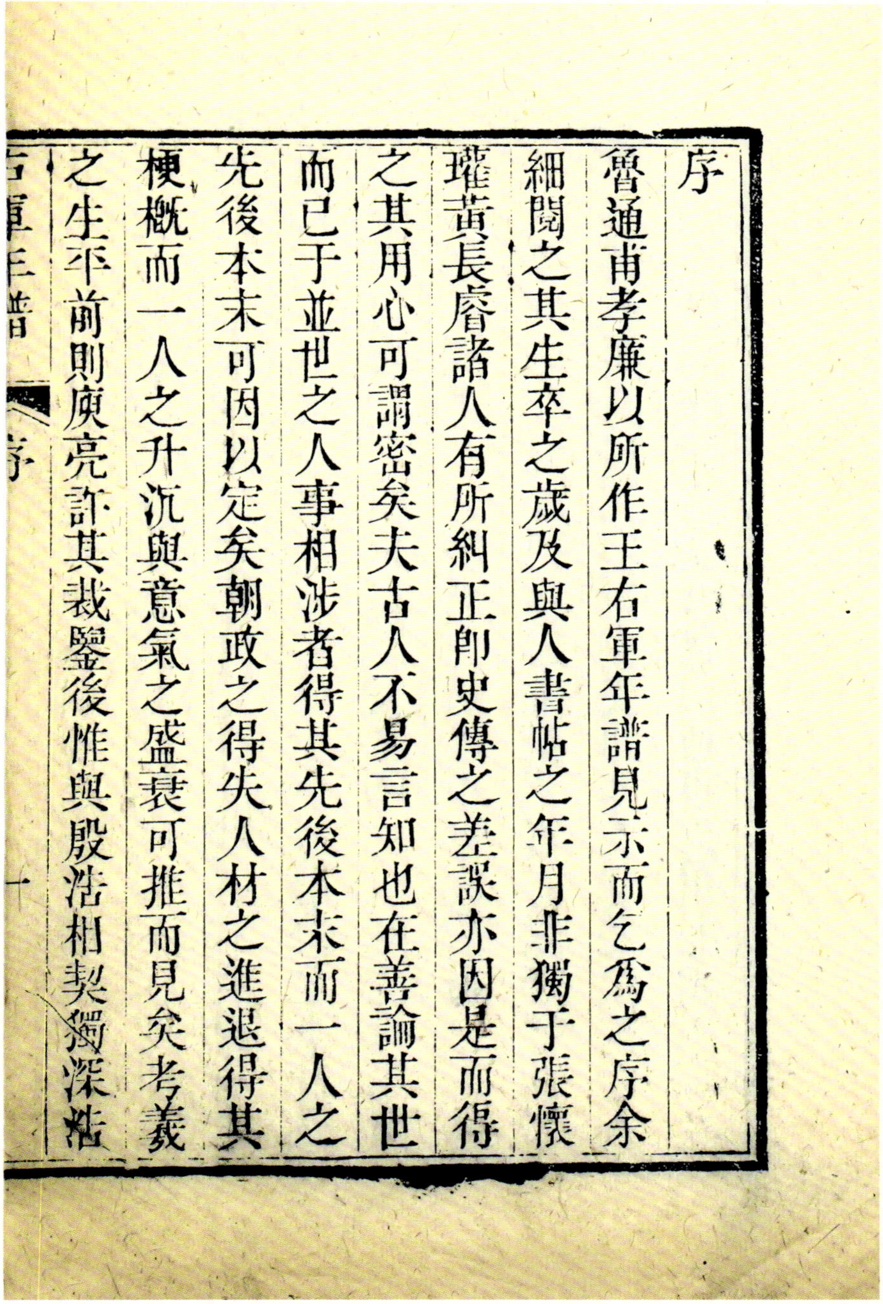

晉通甫孝廉以所作王右軍年譜見示而乞爲之序余
細閱之其生卒之歲及與人書帖之年月非獨于張懷
瓘黃長睿諸人有所糾正削史傳之差謬亦因是而得
之其用心可謂密矣夫古人不易言知也在善論其世
而已于並世之人事相涉者得其先後本末而一人之
先後本末可因以定矣朝政之得失人材之進退得其
梗概而一人之升沉與意氣之盛衰可推而見矣考義
之生平前則庾亮許其裁鑒後惟與殷浩相契獨深浩

二十六　右軍年譜　清魯一同撰　清咸豐五年楊以增刻本（丁延峰藏）（圖1）

斫用事深爲引重遂有馳驅關隴之志時朝廷方用浩
以擬桓溫義之固知其非溫之儔也然使浩不求度外之
功自取覆敗溫雖內忿其因勢而抵巇亦不至若是速
也浩敗于姚襄而溫之威名盛于平蜀廢浩之事行溫
勢益專而廢立之所以深阻北伐之師
而太息于殷生之見廢也誓墓之作當殷浩廢而王逃
代爲揚州之年豈非以同志摧阻不復有意于當世耶
然非鉤校年月得其情事亦安知其非宴安江沱之入
而以一藝名後世者哉吾故以通甫之用心爲不可及

也昔曾子固作臨川墨池記以爲義之不可強以仕而
極東方出滄海又嘗翛祥肆恣而自休于此似未詳其
曾守臨川者則是譜也亦可補曾記之缺云咸豐五年
五月聊城楊以增序

右軍年譜　序　二

右軍年譜　清魯一同撰（圖2）

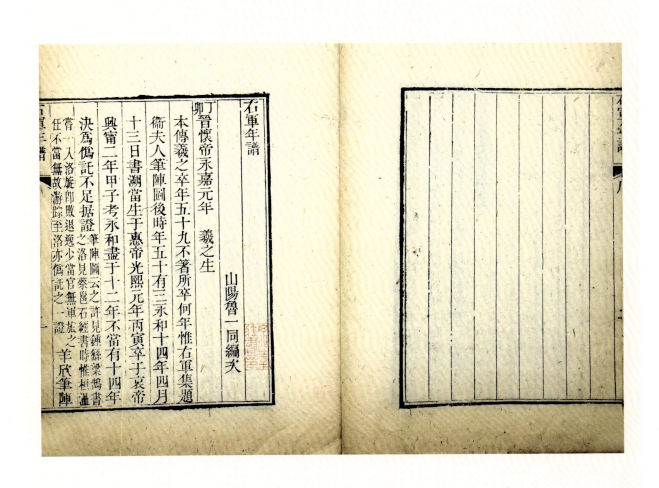

右軍年譜　清魯一同撰（圖3）

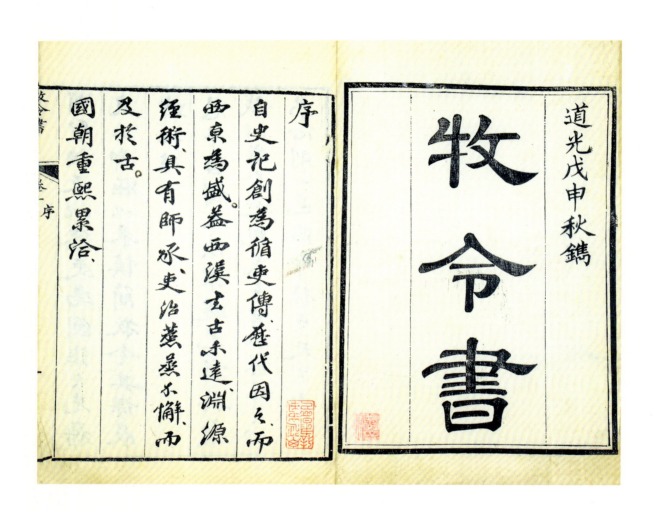

二十七　牧令書二十三卷保甲書四卷 清徐棟輯　清道光二十年楊以增刻本（丁
延峰藏）（圖1）

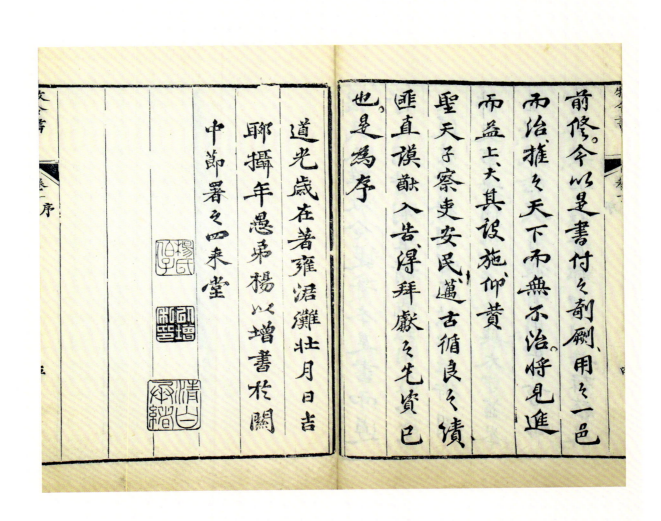

牧令書二十三卷保甲書四卷 清徐棟輯（圖2）

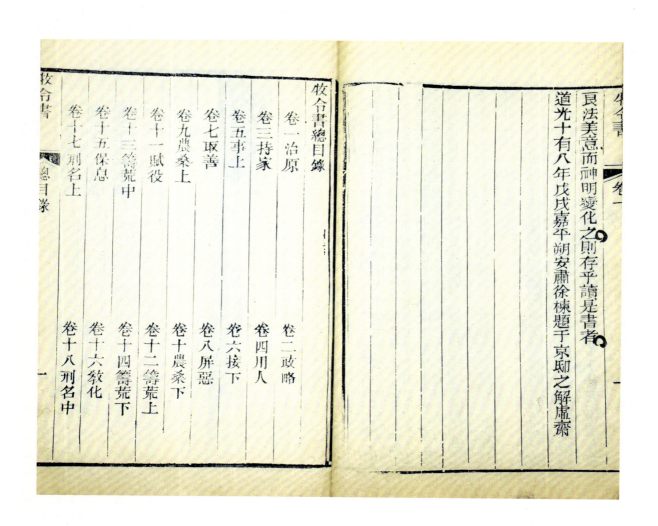

牧令書總目錄

卷一　治原
卷二　政略
卷三　持家
卷四　用人
卷五　事上
卷六　接下
卷七　取善
卷八　屏惡
卷九　農桑上
卷十　農桑下
卷十一　賦役
卷十二　籌荒上
卷十三　籌荒中
卷十四　籌荒下
卷十五　保息
卷十六　教化
卷十七　刑名上
卷十八　刑名中

良法美意，而神明變化之，則存乎讀是書者。

道光十有八年戊戌嘉平朔安肅徐棟題于京邸之解慮齋

牧令書二十三卷保甲書四卷　清徐棟輯（圖3）

78

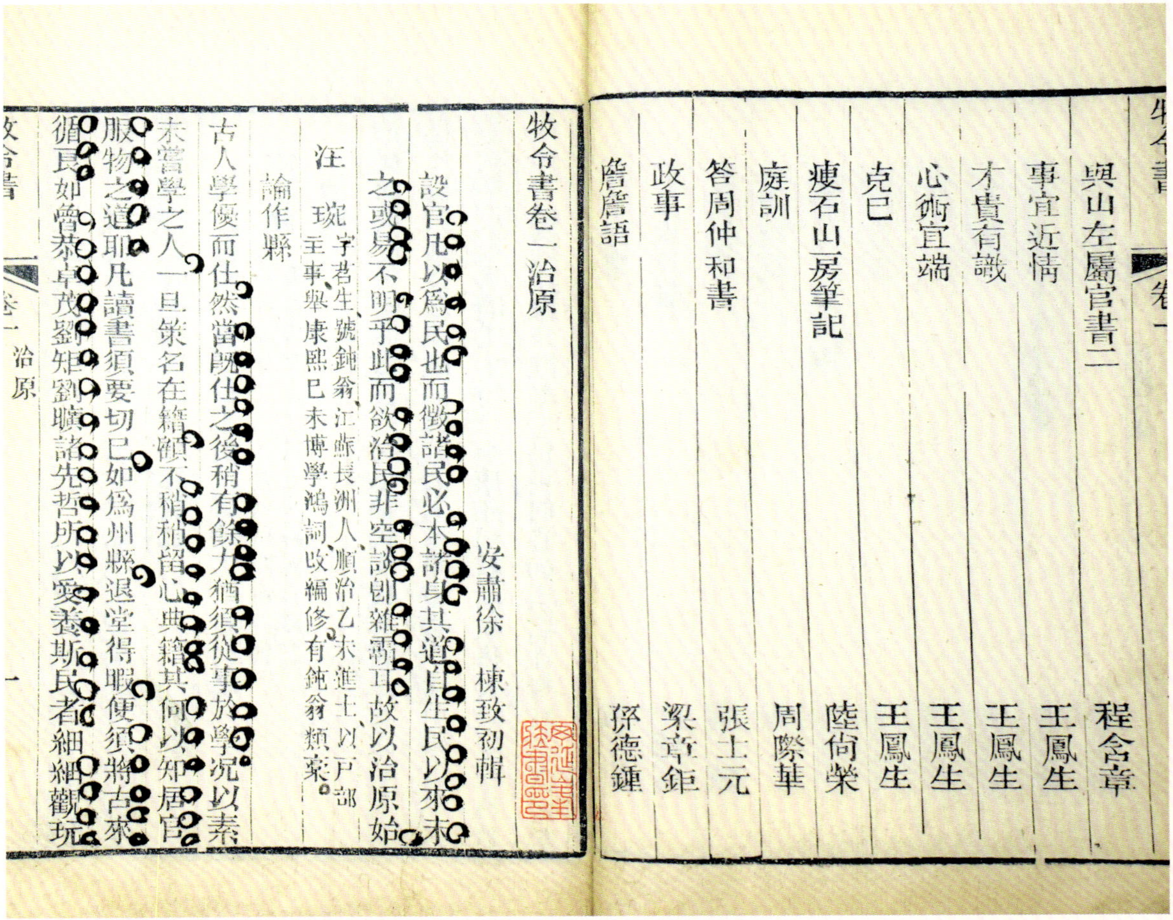

牧令書 卷一

與山左屬官書二　程含章

事宜近情　王鳳生

才貴有識　王鳳生

心術宜端　王鳳生

克己　王鳳生

瘦石山房筆記　陸尙榮

庭訓　周際華

答周仲和書　張士元

政事　梁章鉅

詹詹語　孫德鍾

牧令書卷一　治原

安肅徐　棟致初輯

設官凡以爲民也而儆諸民必本諸身其道自生民以來未之或易不明乎此而欲治民非空談即雜霸耳故以治原始

汪　琬 字苕生號鈍翁江蘇長洲人順治乙未進士以戶部主事舉康熙己未博學鴻詞改編修有鈍翁類稿

論作縣

古人學優而仕然當旣仕之後稍有餘力猶須從事於學況以素未嘗學之人一旦策名在籍顧不稍稍留心典籍其何以知居官服物之道耶凡讀書須要切已如爲州縣退堂得暇便須將古來循良如魯恭卓茂劉矩劉曠諸先哲所以愛養斯民者細細觀玩

牧令書　卷一　治原　一

牧令書二十三卷保甲書四卷　清徐棟輯（圖4）

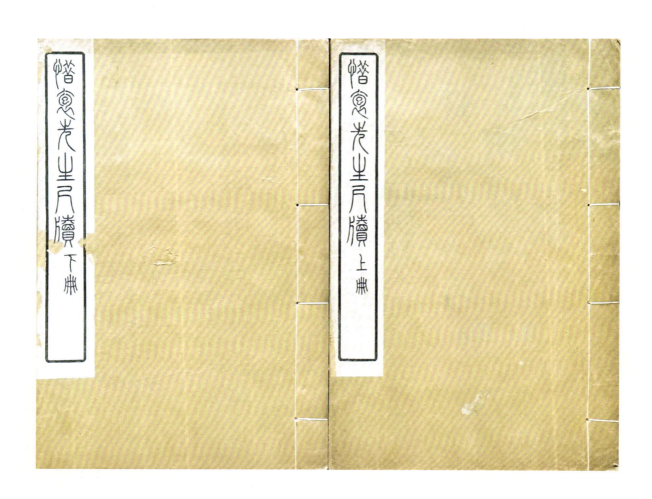

　　二十八　惜抱先生尺牘八卷 清姚鼐撰 清咸豐五年海源閣刻本（劉洪金藏）
（圖1）

惜抱先生尺牘八卷　清姚鼐撰（圖2）

序

姬傳先生嘗語學者為文不可有注疏語錄及
尺牘氣蓋尺牘之體固有別於文矣惜袍軒尺
牘凡數百首與親故者亦兼及家人瑣瑣事至
朋友學徒則論學及為文之宗旨為多夫學之
通籲文之雅俗溪淺先生所論辨既屢見之文
集矣今尺牘所論雖體制不同而其義則微顯
互證可相輔而益朗蓋其信於心者溪而敎人
也誠故或莊言之或率意言之其理未嘗不叉

惜抱先生尺牘八卷　清姚鼐撰（圖3）

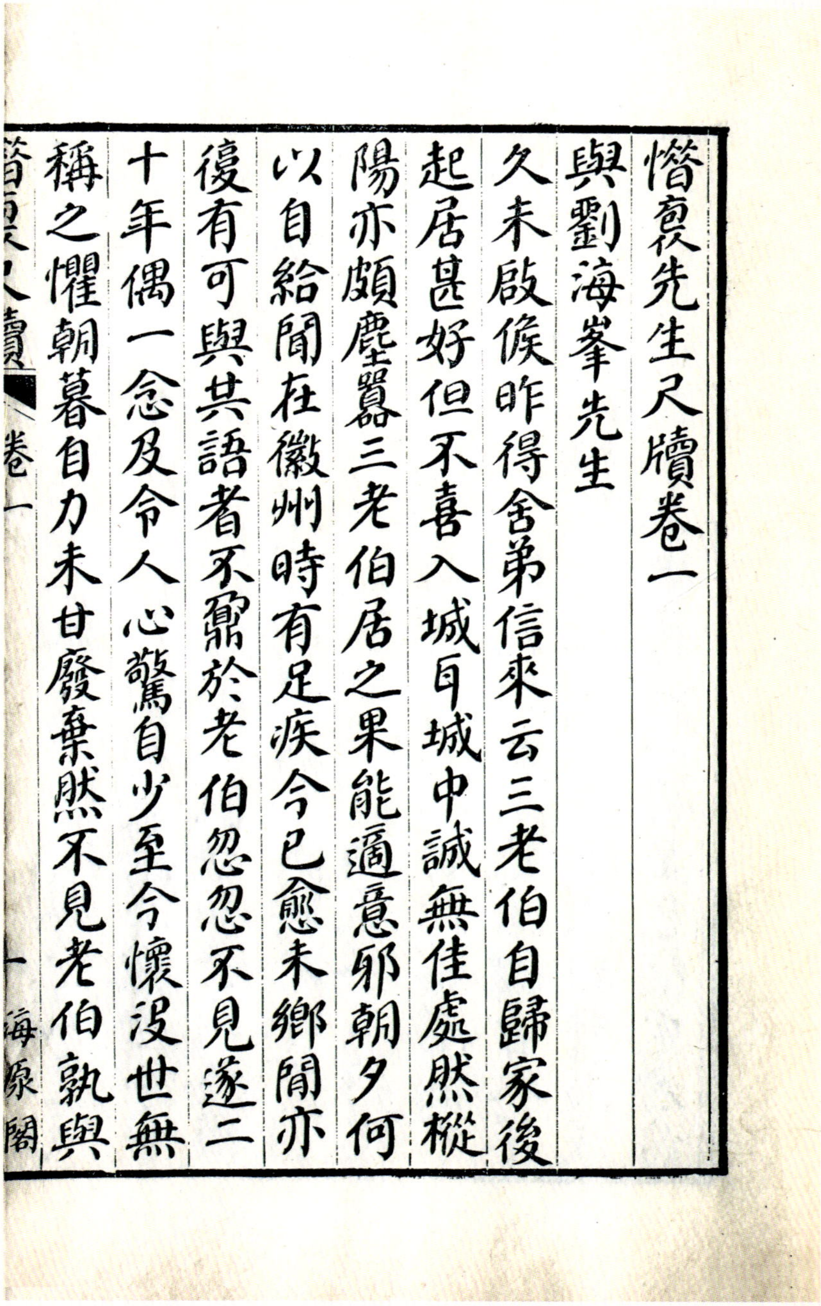

惜抱先生尺牘卷一

與劉海峯先生

久未啟候昨得舍弟信來云三老伯自歸家後
起居甚好但不喜入城百城中誠無佳處然縱
陽亦頗塵囂三老伯居之果能適意邪朝夕何
以自給聞在徽州時有足疾今已愈未鄉聞亦
復有可與其語者不窮於老伯忽忽不見遂二
十年偶一念及令人心驚自少至今懷沒世無
稱之懼朝暮自力未甘廢棄然不見老伯孰與

惜抱軒尺牘 卷一 海源閣

惜抱先生尺牘八卷 清姚鼐撰（圖4）

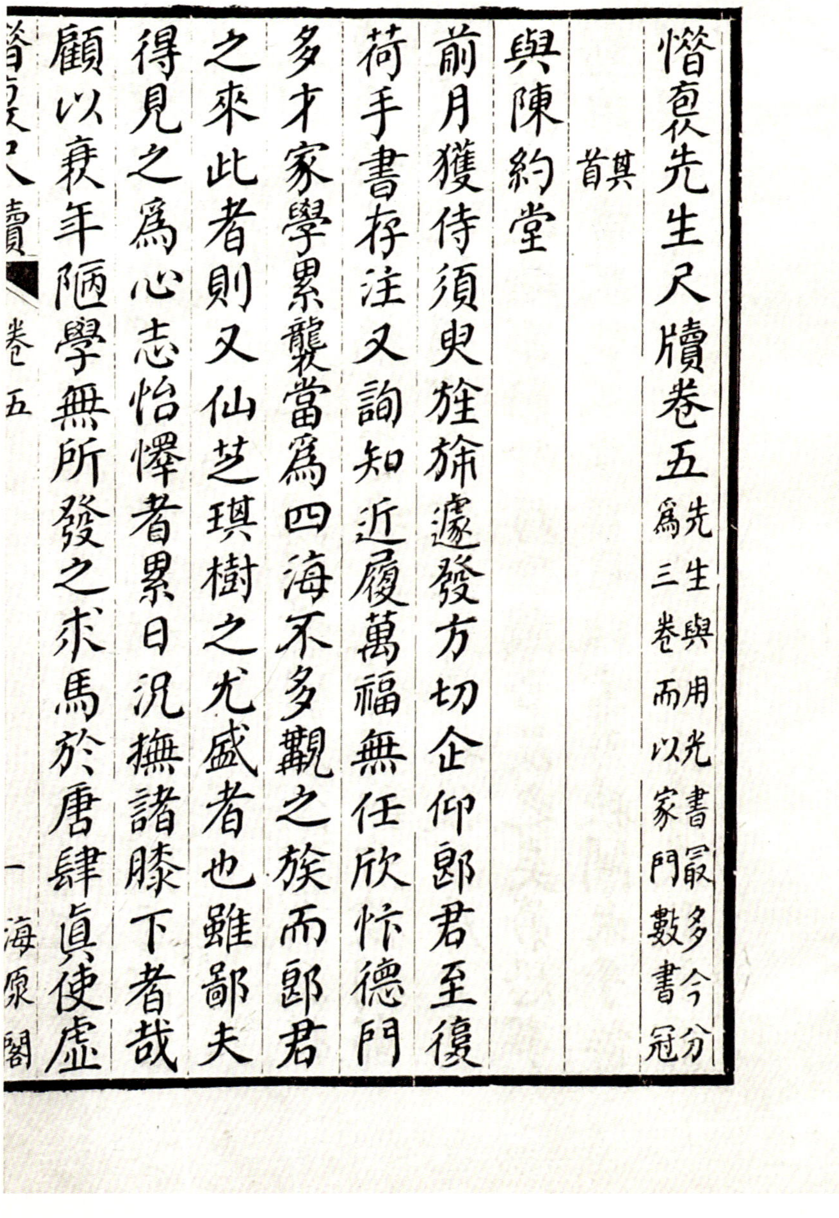

惜袌先生尺牘卷五 先生與用光書最多今分為三卷而以家門數書冠

其首

與陳約堂

前月獲侍須臾旋遽發方切企仰郎君至復

荷手書存注又詢知近履萬福無任欣忭德門

多才家學累襲當為四海不多觀之族而郎君

之來此者則又仙芝琪樹之尤盛者也雖鄙夫

得見之為心志怡懌者累日況撫諸膝下者哉

顧以衰年陋學無所發之求焉於唐肆真使虛

惜袌先生尺牘 卷五 一 海源閣

惜抱先生尺牘八卷　清姚鼐撰（圖5）

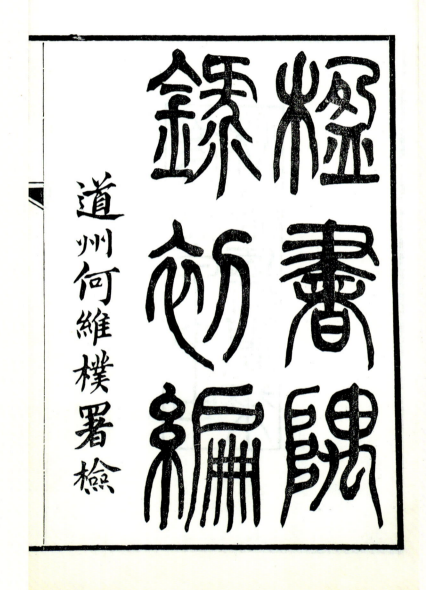

　　二十九　楹書隅錄正續編九卷　清楊紹和撰　清光緒二十年楊保彝刻本（丁延峰藏）（圖1）

右經史子集四部部各一卷凡百七十有一種聊城楊
端勤公所藏哲嗣紹和戲卿前輩手輯者也夫劍佩之
遺以手澤而永弓冶之守以家學而專剡夫煙墨所萃
清粲逮姚實稽古之初桃紹聞之一得乎廣颺竊粲漢
書藝文本之七略班固自注舊說居多隋志所謂剖析
條流各有其序者略見於是葢述古期信數典貴詳孤
行之秀擷其根棋歧出之流別其同異卽後世目錄所
自出解題所由昉也惟著作代與跌闖其各爲詮
釋有禆考證者若崇文總目郡齋讀書志書錄解題是

楹書隅錄正續編九卷　清楊紹和撰（圖2）

洋而歎也廑屬讀未十年識僅一孔惟念里門舊籍散
若風煙而難次渡江息壤在彼他日續中吳之舊聞纂
靈寶之祕典互相印證以廣流傳又豈僅一家之箸述
已哉昔嬴秦燔書淹中之禮獨存魯恭治宅壁間之經
斯顯山左文獻薈萃呵護晨多藏之名山傳之其人益
幸是書之得所矣同治癸酉冬十月吳縣許廑屬玉琢
序於安定門內㝢齋

自序

先端勤公平生無他嗜一專於書所收數十萬卷庋海
原閣藏之屬伯言梅先生爲之記別闢書室曰宋存藏
天水朝舊籍而以元本校本鈔本附焉癸亥甲子間紹
和里居撰海源閣書目成復取宋元各本記其行式印
章評跋管窺所及間附數語乙丑入翰林簪筆鮮暇此
事遂輟頭檢舊稿之已成者若干種釐爲五卷命曰
楹書隅錄寫校旣竣撫書遠想哀慕曷極同治己巳仲
夏聊城楊紹和彥合甫識

楹書隅錄正續編九卷　清楊紹和撰（圖3）

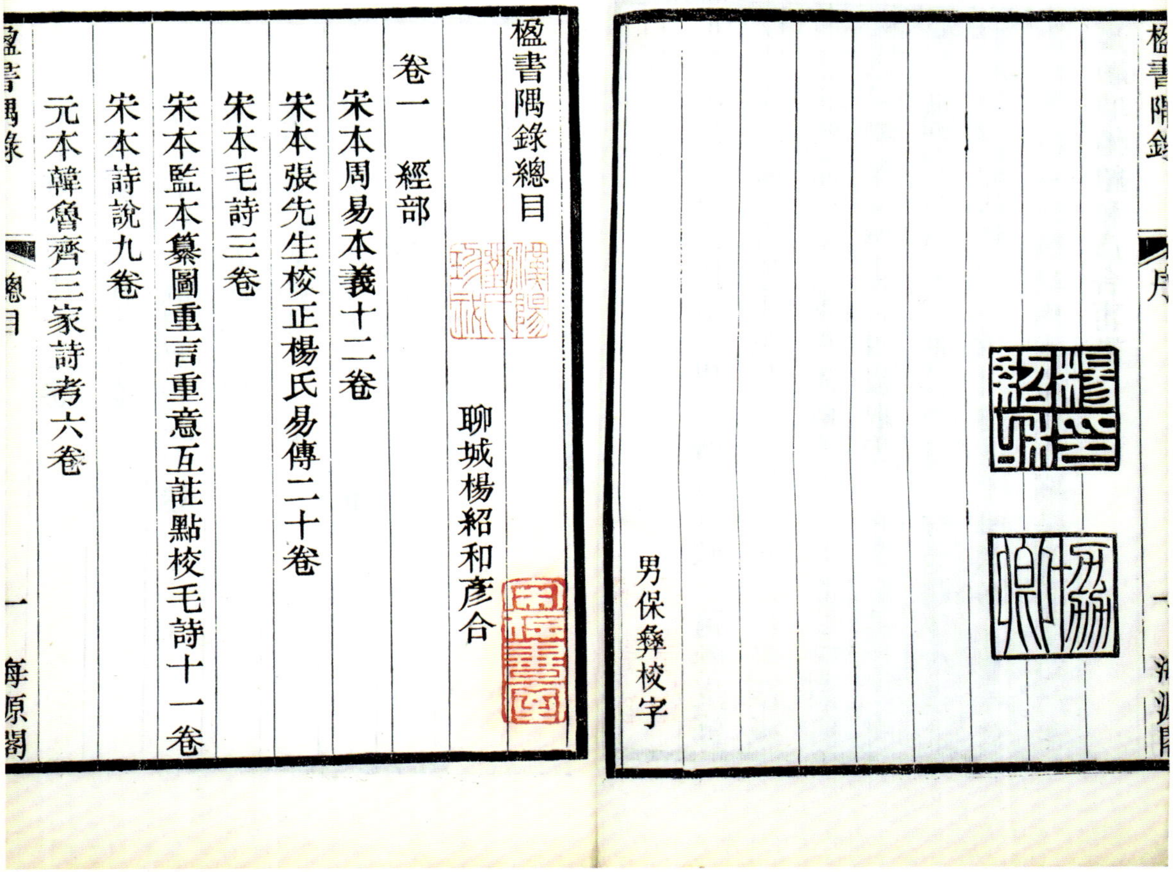
男保彝校字

楹書隅錄總目
聊城楊紹和彥合
卷一　經部
宋本周易本義十二卷
宋本張先生校正楊氏易傳二十卷
宋本毛詩三卷
宋本監本纂圖重言重意互註點校毛詩十一卷
宋本詩說九卷
元本韓魯齊三家詩考六卷

楹書隅錄 總目 一 海源閣

楹書隅録正續編九卷　清楊紹和撰（圖4）

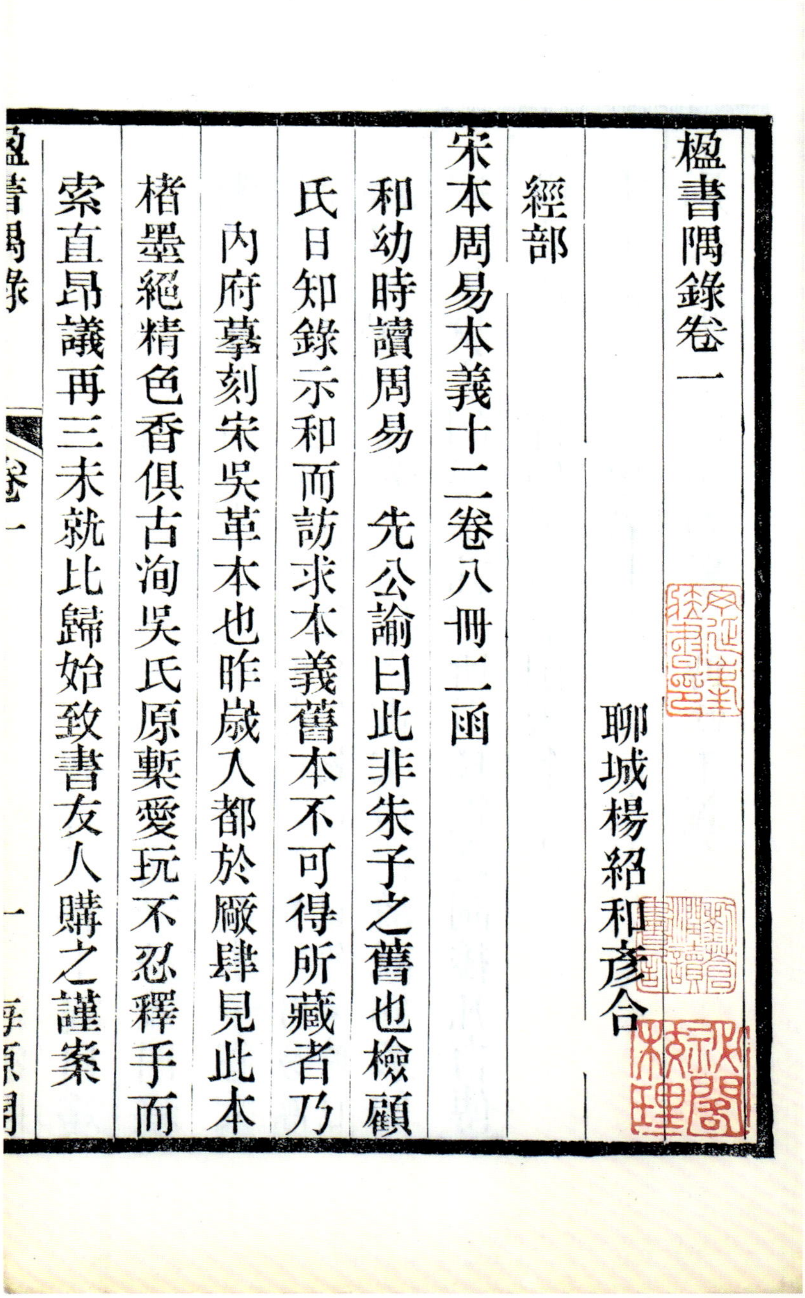
楹書隅錄卷一

聊城楊紹和彥合

經部

宋本周易本義十二卷八冊二函

和幼時讀周易　先公諭曰此非朱子之舊也檢顧氏日知錄示和而訪求本義舊本不可得所藏者乃
內府摹刻宋吳革本也昨歲入都於厰肆見此本楮墨絕精色香俱古洵吳氏原槧愛玩不忍釋手而索直昂議再三未就比歸始致書友人購之謹案

楹書隅錄　卷一　一　海源閣

楹書隅録正續編九卷　清楊紹和撰（圖5）

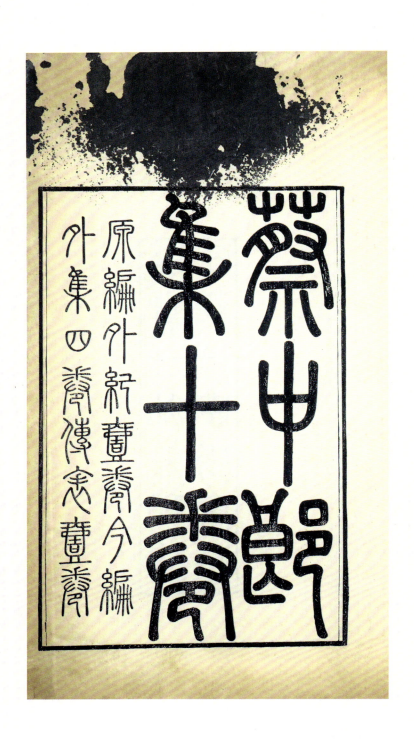

三十　蔡中郎集十六卷 漢蔡邕撰 清咸豐二年海源閣刻本（丁延峰藏）（圖1）

蔡中郎集目次

敘　凡例

卷一二碑銘第一冊 内有朱公叔諡議原列鼎銘之前以人類次非乖體也

卷三四五六碑銘頌誄第二冊

卷七八九議疏表狀祝詞第三冊

卷十月令論問荅外紀頌疏賦詩釋第四冊

外集卷一二三碑銘頌贊疏議論書賦詩第五冊

蔡中郎集　目次　一　海源閣

咸豐二年東郡楊氏海源閣仿宋刊

蔡中郎集十六卷　漢蔡邕撰（圖2）

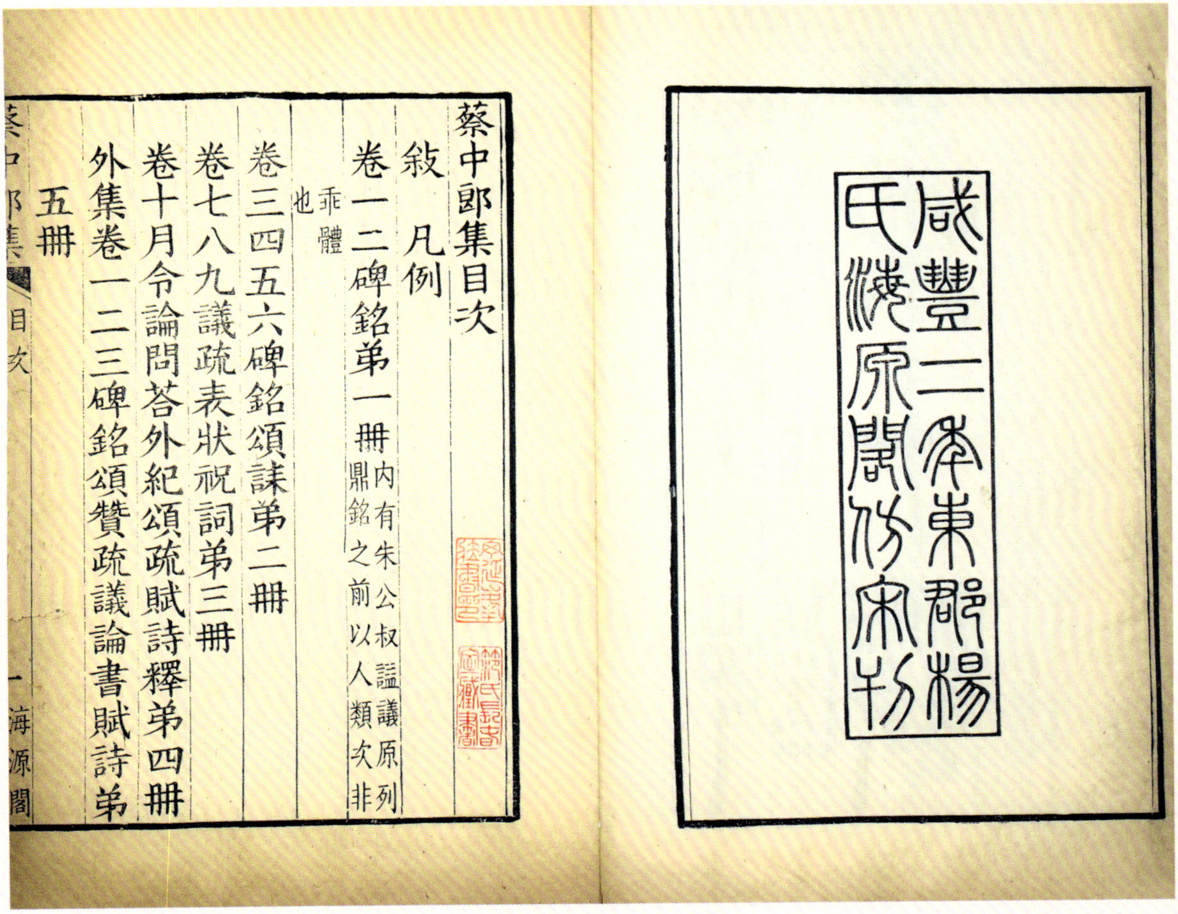

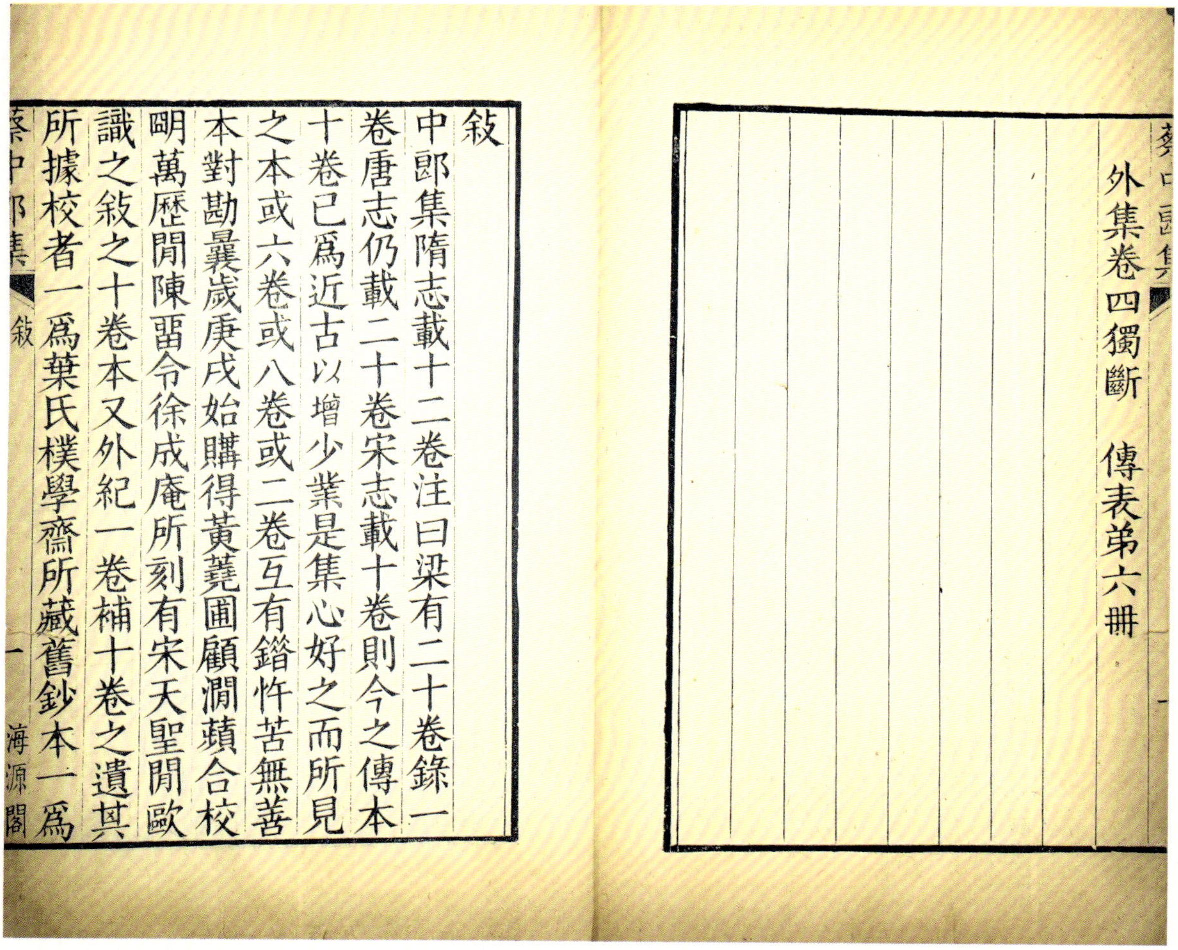

外集卷四獨斷　傳表弟六冊

敍

中郎集隋志載十二卷注曰梁有二十卷錄一
卷唐志仍載二十卷宋志載十卷則今之傳本
十卷已爲近古以增少業是集心好之而所見
之本或六卷或八卷或二卷互有錯忤苦無善
本對勘曩歲庚戌始購得黃蕘圃顧澗蘋合校
明萬歷閒陳雷令徐成庵所刻有宋天聖閒歐
識之敍之十卷本又外紀一卷補十卷之遺其
所據校者一爲葉氏樸學齋所藏舊鈔本一爲

蔡中郎集十六卷　漢蔡邕撰（圖3）

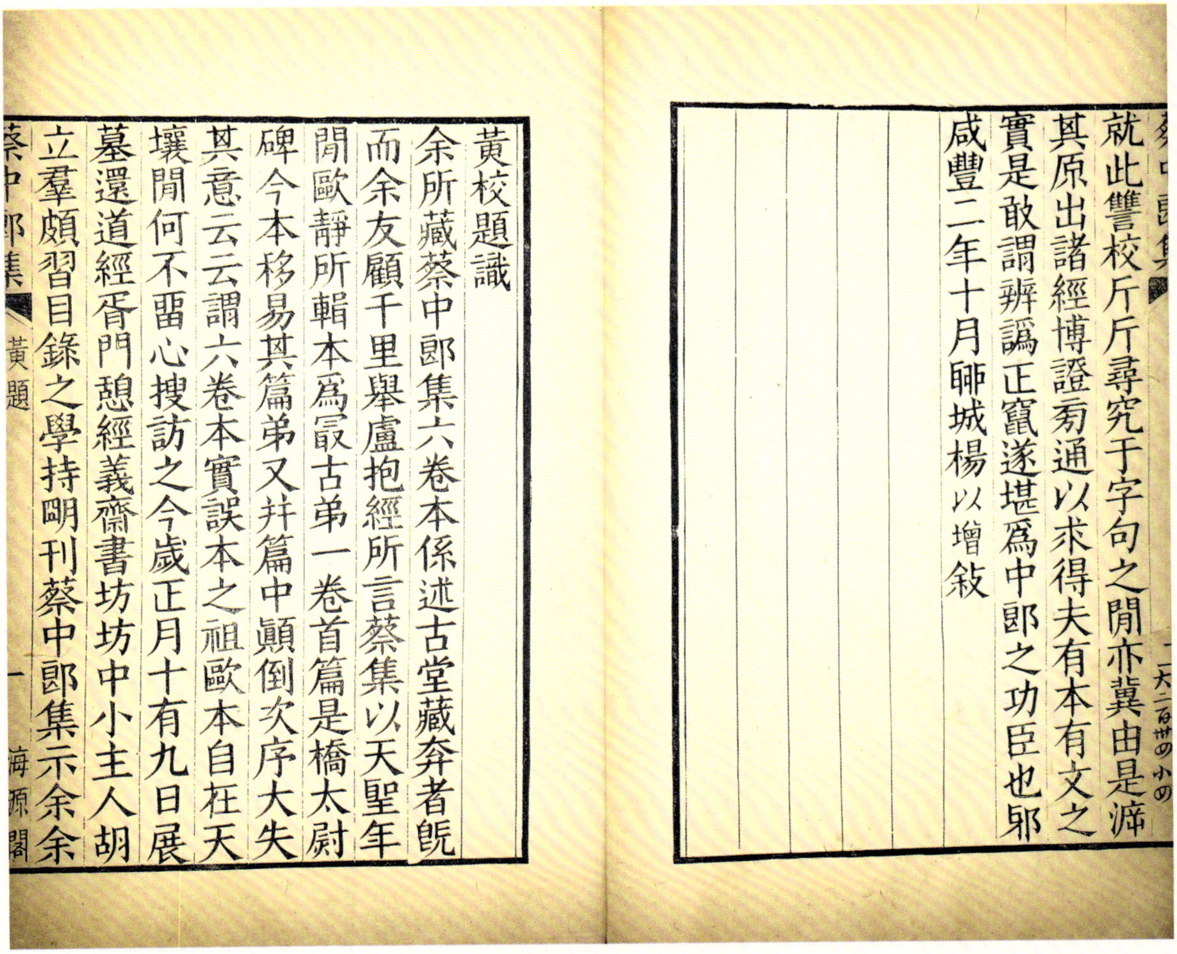

就此讐校斤斤尋究于字句之閒亦冀由是淬
其原出諸經博證旁通以求得夫有本有文之
實是敢謂辨譌正竄遂堪爲中郎之功臣也耶
咸豐二年十月聊城楊以增跋

黃校題識
余所藏蔡中郎集六卷本係述古堂藏弆者既
而余友顧千里舉盧抱經所言蔡集以天聖年
閒歐靜所輯本爲最古弟一卷首篇是橋太尉
碑今本移易其篇弟又并篇中顛倒次序大失
其意云云謂六卷本實誤本之祖歐本自在天
壤閒何不畱心搜訪之今歲正月十有九日展
墓還道經胥門憩經義齋書坊坊中小主人胡
立羣頗習目錄之學持朙刊蔡中郎集示余余

蔡中郎集十六卷　漢蔡邕撰（圖4）

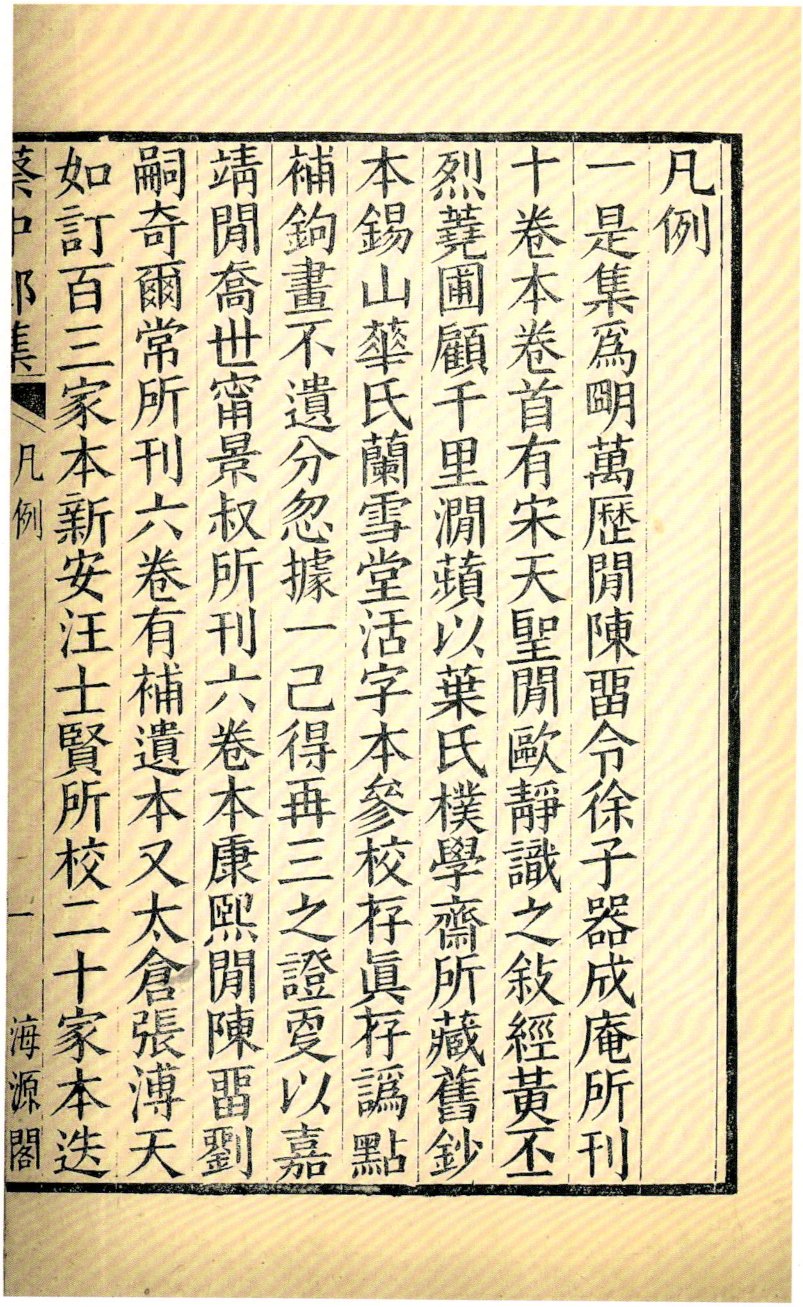

凡例

一是集爲明萬歷閒陳畱令徐子器成庵所刊
十卷本卷首有宋天聖閒歐靜識之敍經黃丕
烈蕘圃顧千里潤蘋以葉氏樸學齋所藏舊鈔
本錫山華氏蘭雪堂活字本參校存眞籽譌點
補鈎畫不遺分忽據一己得再三之證叟以嘉
靖閒喬世甯景叔所刊六卷本康熙閒陳畱劉
嗣奇爾常所刊六卷有補遺本又太倉張溥天
如訂百三家本新安汪士賢所校二十家本迭

蔡中郎集　凡例　一　海源閣

蔡中郎集十六卷　漢蔡邕撰（圖5）

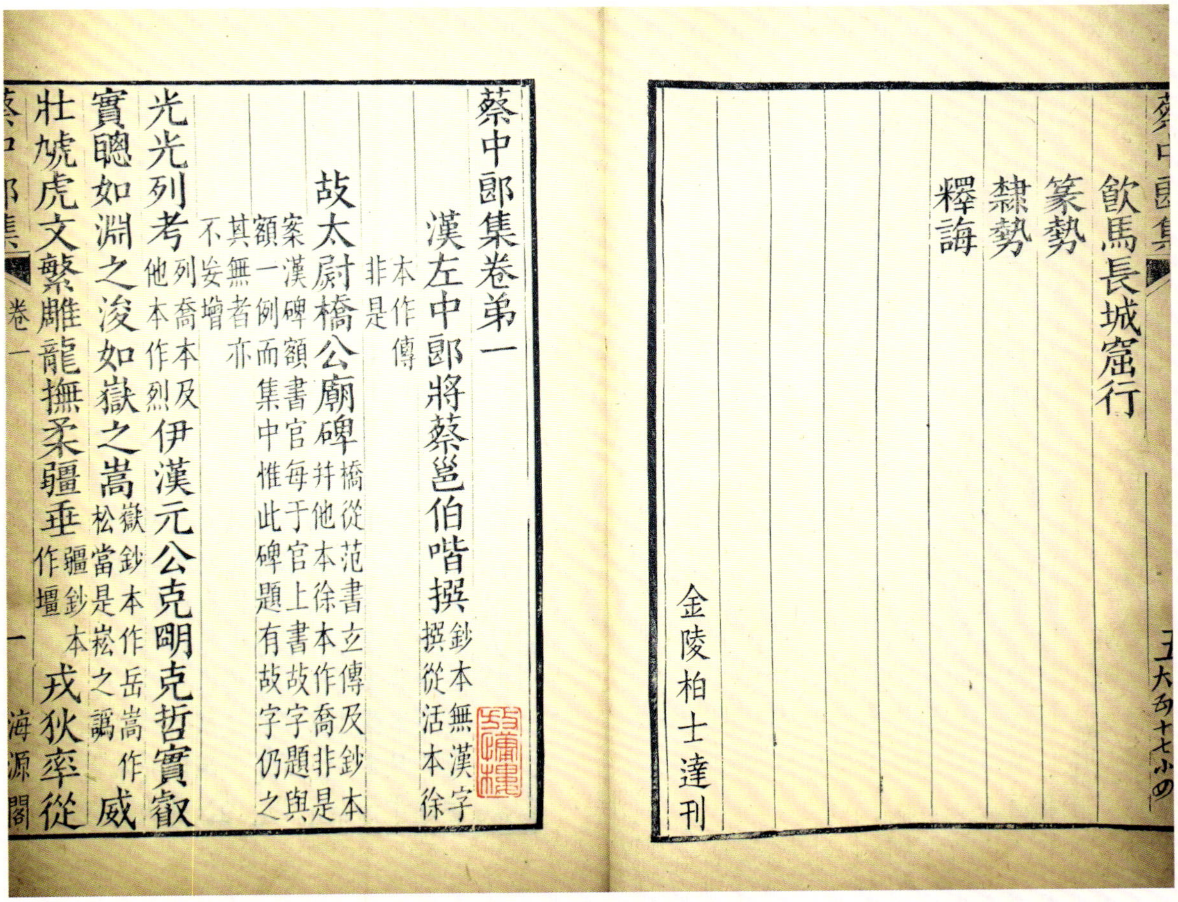

蔡中郎集

五六至十七小四

飲馬長城窟行

篆勢

隸勢

釋誨

金陵柏士達刊

蔡中郎集卷第一

漢左中郎將蔡邕伯喈撰 本作傳非是

故太尉橋公廟碑 鈔本無漢字撰從活本徐

橋從范書玄傳及鈔本
案漢碑額書官并于他官上書故字與
他本作橋而集中惟此碑題有故字仍之
不妄增者亦例

光光列考 他本喬作烈及
伊漢元公克朙克哲實叡

實聰如淵之後如嶽之嵩 松嵩嶽當是嵩之譌岳嵩作

壯虓虎文蘩雕龍撫柔疆垂 疆作壇

戎狄率從威

蔡中郎集 卷一 一 海源閣

蔡中郎集十六卷 漢蔡邕撰（圖6）

三十一　唐求詩集一卷　唐唐求撰　清光緒二十年楊保彝影宋刻本（劉洪金藏）
（圖1）

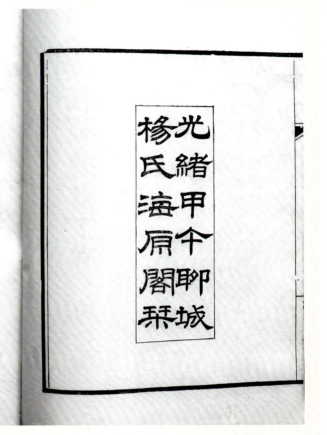

唐求詩集

曉發

旅館候天曙整車趨遠程幾處曉鍾斷半橋殘
月明沙上鳥猶在渡頭人未行去去古時道馬
嘶三兩聲

客行

上山下山去千里萬里愁樹色野橋暝雨聲孤
館秋南北眼前道東西江畔舟世人重金玉無
金徒遠游

題鄭處士隱居

海原閣

光緒甲午聊城楊氏海原閣栞

唐求詩集一卷　唐唐求撰（圖2）

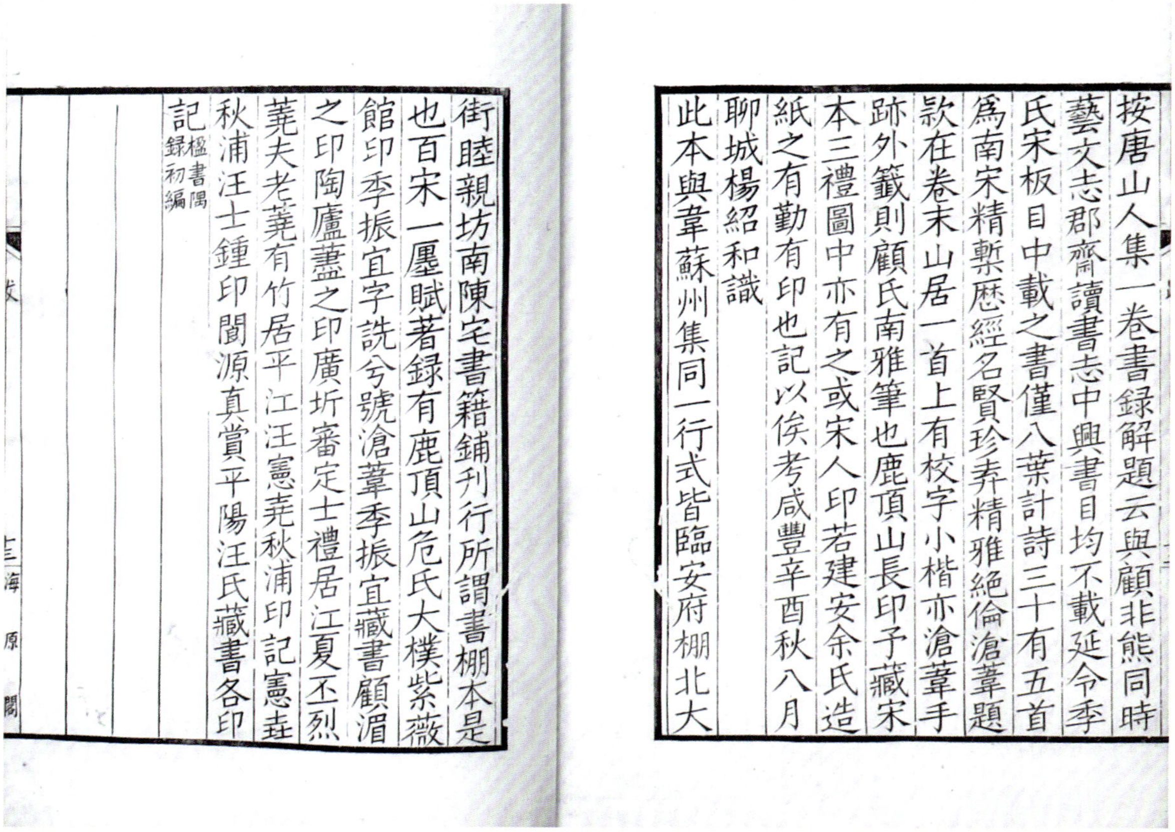

按唐山人集一卷書錄解題云與顧非熊同時
藝文志郡齋讀書志中興書目均不載延令季
氏宋板目中載之書僅八葉計詩三十有五首
爲南宋精槧經名賢珍弄精雅絕倫滄葦題
欵在卷末山居一首上有校字小楷亦滄葦手
跡外籤則顧氏南雅筆也鹿頂山長印予藏宋
本三禮圖中亦有之或宋人印若建安余氏造
紙之有勤有印也記以俟考咸豐辛酉秋八月
聊城楊紹和識
此本與韋蘇州集同一行式皆臨安府棚北大

街睦親坊南陳宅書籍鋪刊行所謂書棚本是
也百宋一廛賦著錄有鹿頂山危氏大樸紫薇
館印季振宜字詵兮號滄葦季振宜藏書顧湄
之印陶廬蓋之印廣圻審定士禮居江夏丕烈
莪夫老莪有竹居平江汪憲莪秋浦印記憲垚
秋浦汪士鍾印閬源真賞平陽汪氏藏書各印
記楹書隅錄初編

上海源閣

唐求詩集一卷　唐唐求撰（圖3）

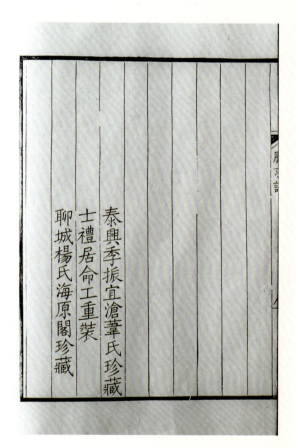

茅亭客話

味江山人

唐末蜀州青城縣味江山人唐求至性純慤篤
好雅道放曠疎逸幾乎方外之士也每入市騎
一青牛至薰醺酣而婦非其類不與之交或吟
或詠有所得則將藁撚爲丸內於大瓢中二十
餘年莫知其數亦不復吟詠其贈送寄別之詩
布於人口暮年因卧病索瓢致于江中曰斯文
苟不沉没于水後之人得者方知我苦心尔漂
至新渠江口有識者云唐山人詩瓢也探得之

唐求詩集一卷 唐唐求撰（圖4）

　　三十二　　石笥山房文集六卷補遺一卷詩集十一卷詩餘一卷　清胡天游撰　清咸豐
二年海源閣刻本（丁延峰藏）（圖1）

序

昌黎稱樊紹述之文曰文從字順各識職今觀紹述
遺文可謂文不從而字不順已然莫有議昌黎所稱
為非者則以能者為文各有心得心有真得則積成
體勢當其勢之所至有非以違為從以逆為順則勢
不振而文無險峻之觀若求其從順八云亦云則勢
為文字不得職輕者為文字不盡職蓋六書家有反
訓詩家有倍犯文何獨不然而駢文尤以此為關鍵
此紹述所為雄視三唐而特以文字識職見推于昌
黎者也閱千餘年至我

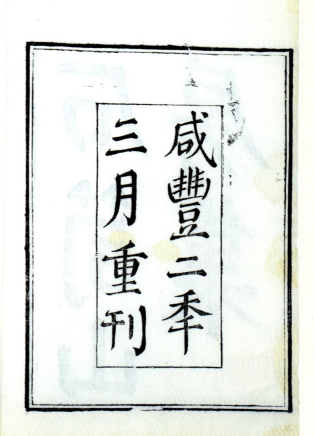

咸豐三季
三月重刊

石笥山房文集六卷補遺一卷詩集十一卷詩餘一卷　清胡天游撰（圖2）

101

序

石笥山房文集六卷詩集十一卷山陰胡樞威徵君
之所作也徵君應乾隆初鴻博科同舉二百餘人推
徵君爲首選其詩文槭見于外者罕道炎丙午徵君
之四世諸孫秋潮大令出家藏鈔本刻于山左大令
之嗣君冠山贊府官南河大令以東省刻工劣又徵
君文學淵奧攄拾祕籍多人所未見鈔本時有鵲誤
遺憾蓋闕篗命贊府于南中覓良工未方聞士詳加
校勘叢重刊以廣其傳甚盛舉也子適就食河壖贊府
索弁首之辭徵君才名噪一時身後且百季聲稱如

洗剔賊陋習及宋四六盛行搓挪助字幺細彌甚而先
生之挺出也未必非天發之以振數百年之茶靡而
天又戀紹述文多甲前古流傳僅石本兩篇恐先生
之傳復不盛故使秋潮冠山賢喬梓極力表章以惠
來學皆事之不偶然者子奉觀盛舉之成故具書顯
末以告得先生之書而善讀者咸豐二年歲在壬子
夏五月下澣師城楊以增書

石笥山房文集六卷補遺一卷詩集十一卷詩餘一卷　清胡天游撰（圖3）

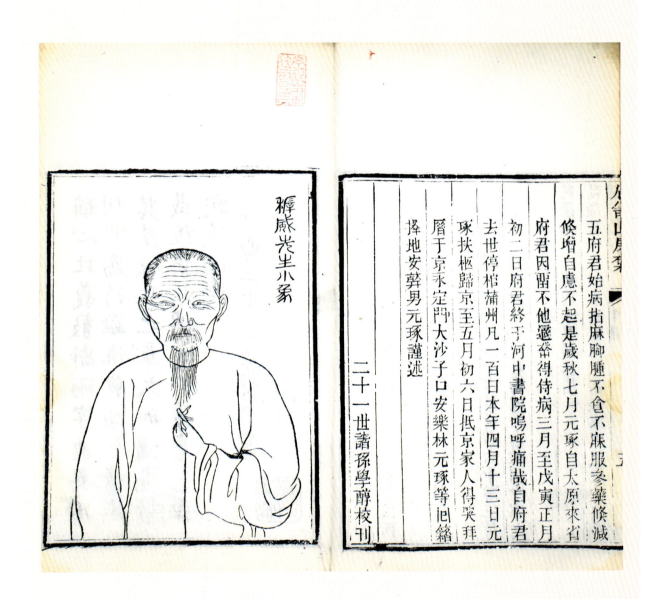

石笥山房文集六卷補遺一卷詩集十一卷詩餘一卷　清胡天游撰（圖4）

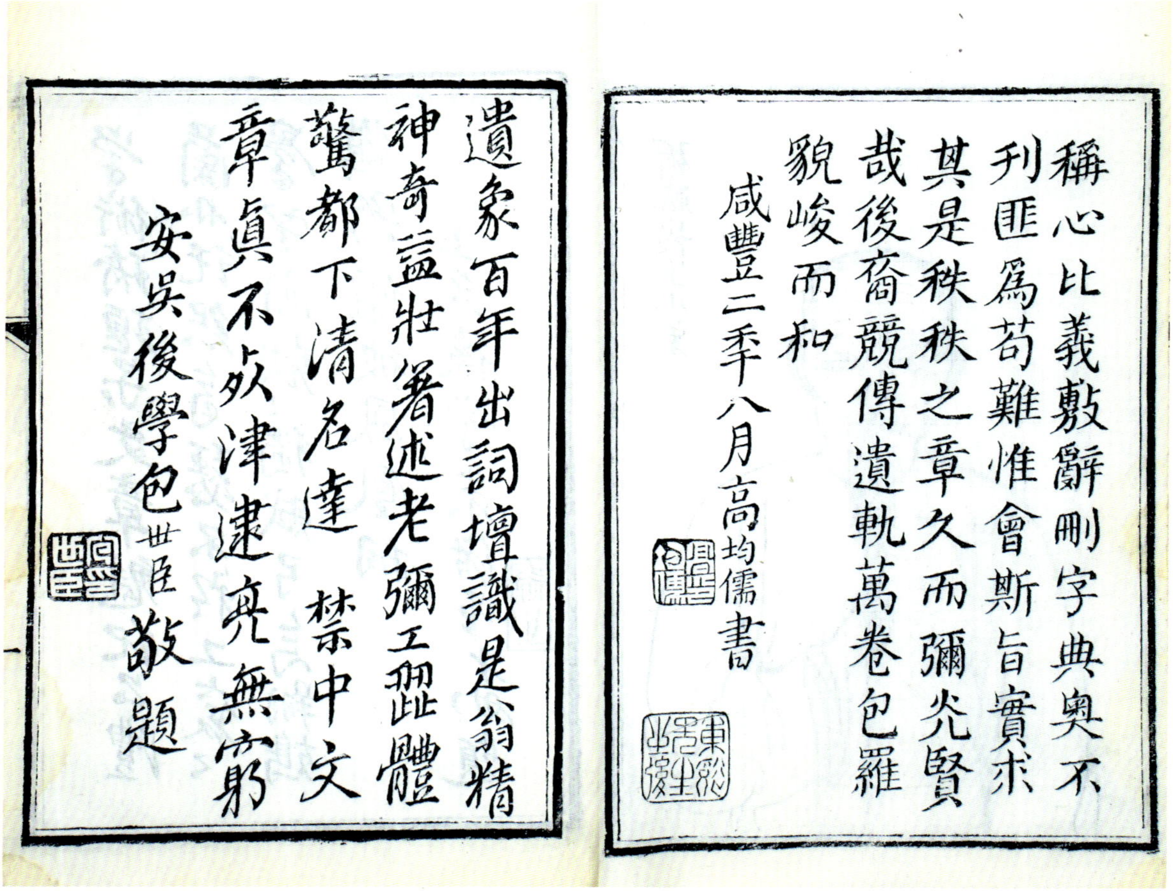

稱心比義敷辭刪字典奧不
刊匪爲苟難惟會斯旨實求
其是秩秩之章久而彌炎賢
哉後裔競傳遺軌萬卷包羅
貌峻而和
咸豐二年八月高均儒書

遺象百年出詞壇識是翁精
神奇盖壯著述老彌工跰體
驚都下清名達　禁中文
章真不衆津逮亮無窮
安吳後學包世臣敬題

石笥山房文集六卷補遺一卷詩集十一卷詩餘一卷　清胡天游撰（圖5）

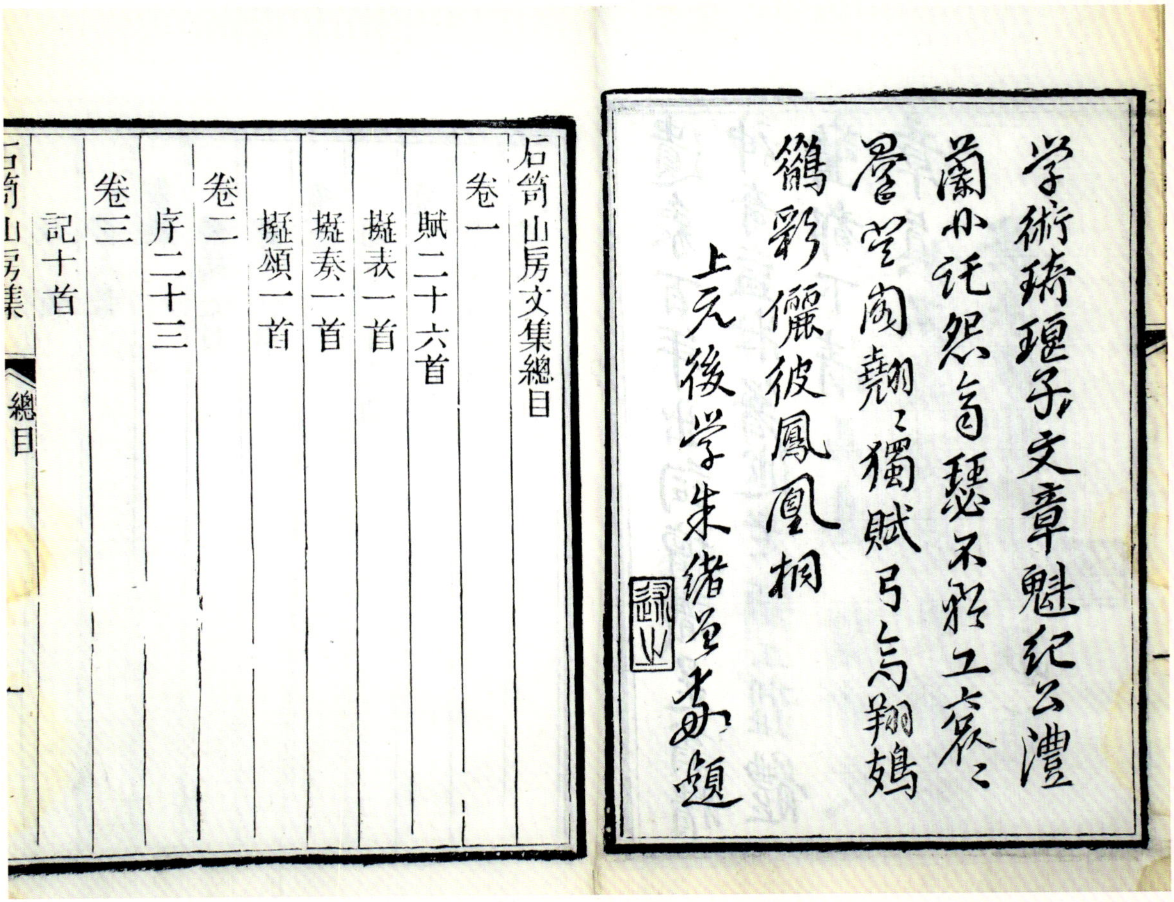

石笥山房文集總目

卷一
賦二十六首
擬表一首
擬奏一首
擬頌一首

卷二
序二十三

卷三
記十首

学術琤瑮子文章魁紀公禮
蘭小託怨旨瑟不貊工襄之
曟望閟翹之獨賦弓与翔鵷
鸑鷟儷彼鳳凰桐
上元後學朱緒曾書題

石笥山房文集六卷補遺一卷詩集十一卷詩餘一卷　清胡天游撰（圖６）

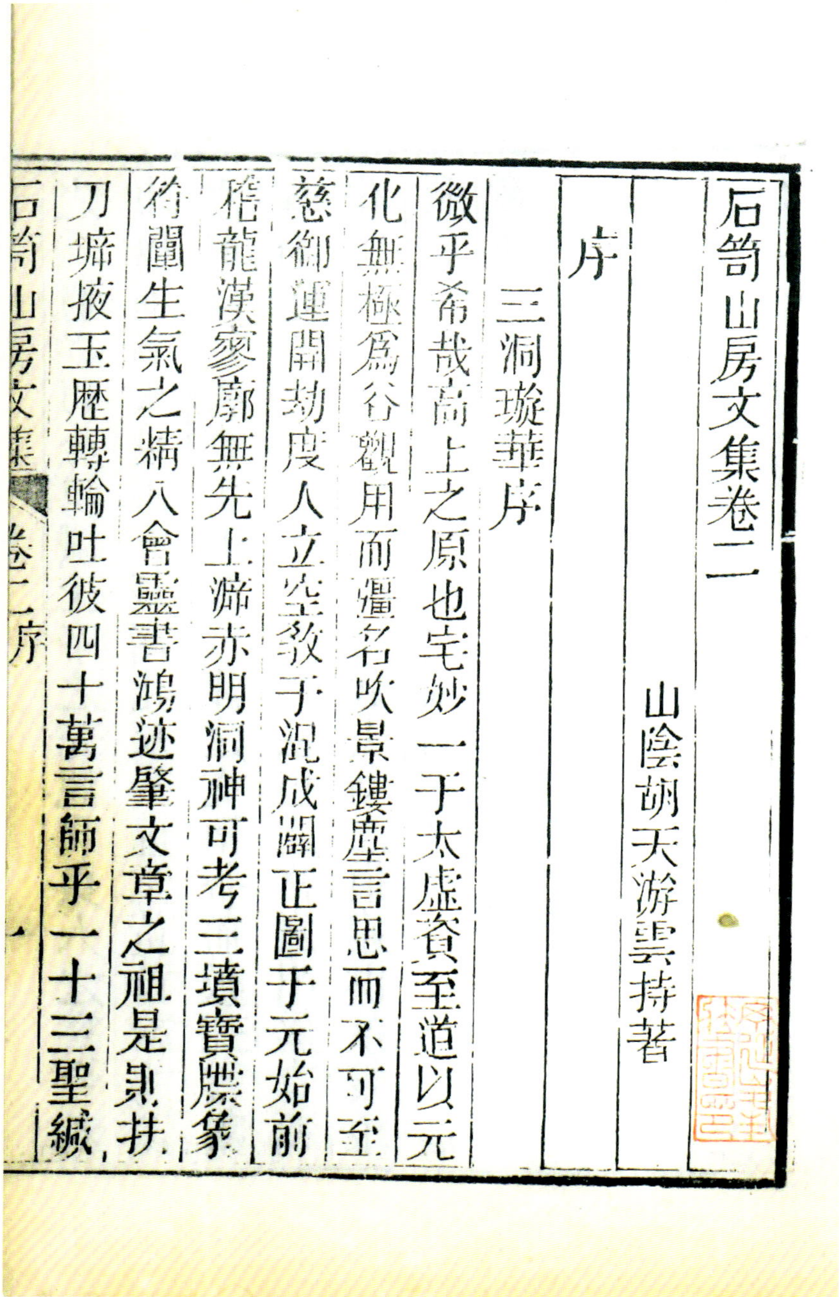

石笥山房文集卷二

山陰胡天游雲持著

序

三洞璇華序

微乎希哉高上之原也宅妙一于太虛賓至道以元
化無極為谷觀用而彊名吹景鏤座言思而不可至
慈御蓮開劫度人立空教于湼成闕正圖于元始前
磻龍漢廖廓無先上游赤明洞神可考三墳寶應象
符闓生氣之精八會靈書鴻迹肇文章之祖是曰升
刀壇挺玉歷轉輪吐彼四十萬言師乎一十三聖緘

石笥山房文集六卷補遺一卷詩集十一卷詩餘一卷　清胡天游撰（圖7）

三十三　九水山房文存二卷 清毕亨撰 清咸豐二年海源閣刻本（丁延峰藏）
（圖1）

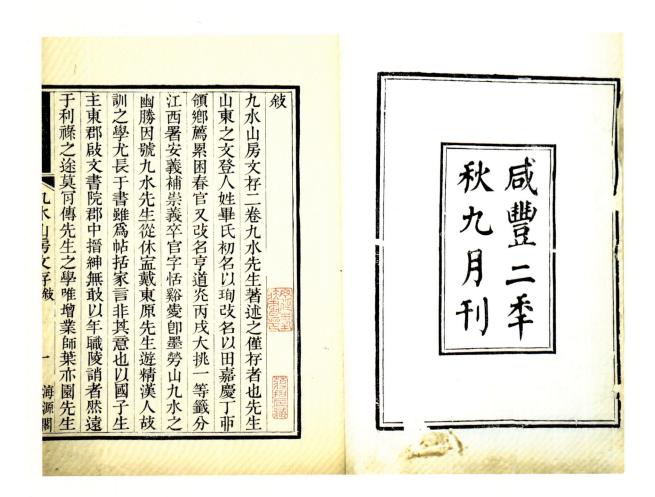

九水山房文存二卷　清毕亨撰（圖2）

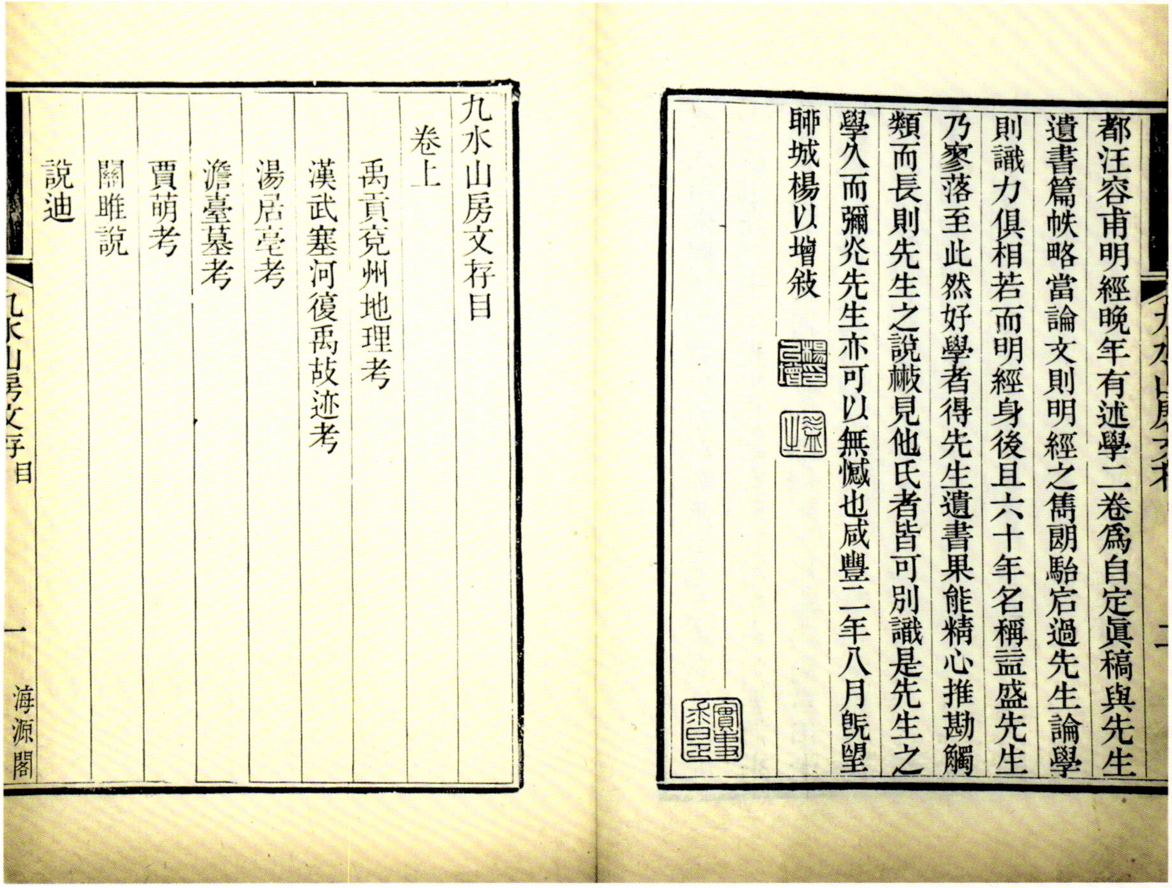

都汪容甫明經晚年有述學二卷爲自定眞稿與先生遺書篇帙略當論文則明經之雋朙駘宕過先生論學則識力俱相若而明經身後且六十年名稱諠盛先生乃寥落至此然好學者得先生遺書果能精心推勘觸類而長則先生之說褫見他氏者皆可別識是先生之學久而彌炎先生亦可以無憾也咸豐二年八月旣望

聊城楊以增敘

九水山房文存目

卷上

禹貢兗州地理考

漢武塞河復禹故迹考

湯居亳考

澹臺墓考

賈萌考

關雎說

說迪

九水山房文存 目 一 海源閣

九水山房文存二卷 清毕亨撰（圖3）

九水山房文存卷上

文登畢亨恬谿著

禹貢兗州地理考

禹傳土任土作貢先述冀州者帝居也其次則及兗州
兗州爲諸水下流地污下難役作故名兗兗之言岀經
亦云作十有三年乃同是也兗州之界著于經文者甚
明經云濟河惟兗州釋地亦云濟河閒曰兗州故鄭君
曰言兗州之界袨此兩水之閒也今所傳孔傳云東南
據濟西北距河孔疏因云據謂跨之跨濟而過東南越

九水山房文存二卷　清毕亨撰（圖4）

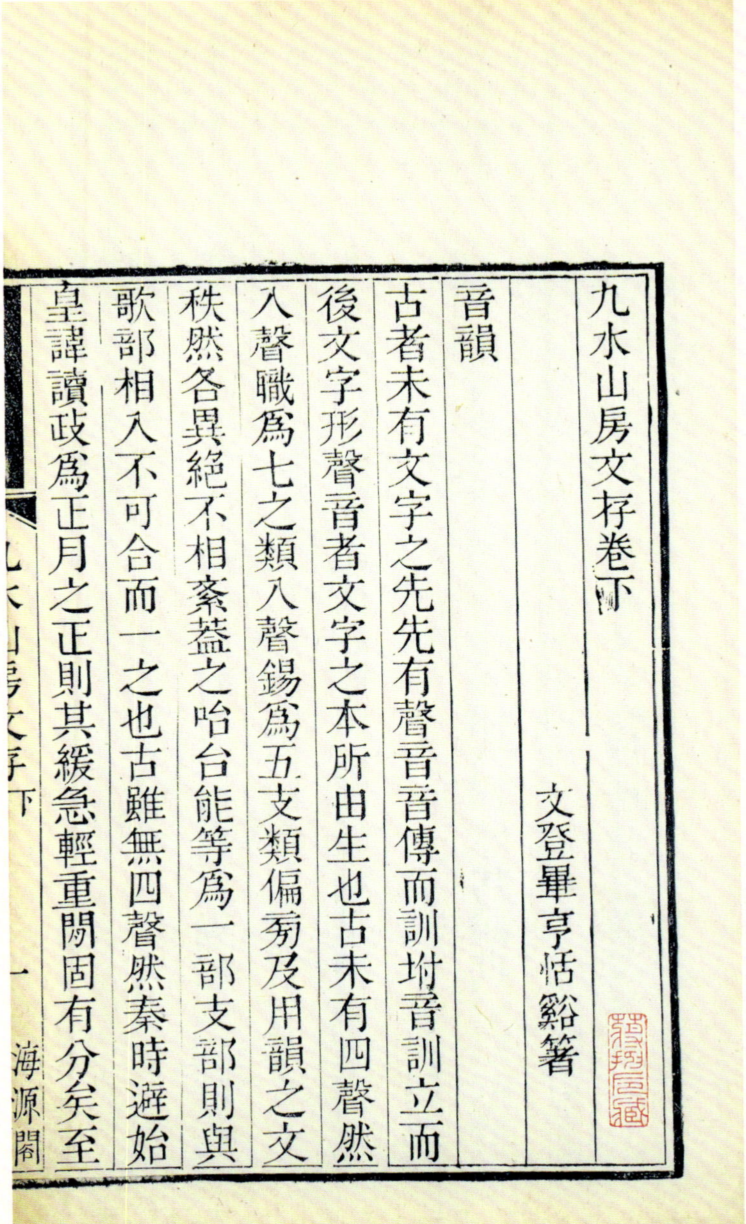

九水山房文存卷下

文登畢亨恬谿著

音韻

古者未有文字之先先有聲音傳而訓坩音訓立而

後文字形聲音者文字之本所由生也古未有四聲然

入聲職爲七之類八聲錫爲五支類偏旁及用韻之文

秩然各異絕不相紊葢之咍台能等爲一部支部則與

歌部相入不可合而一之也古雖無四聲然秦時避始

皇諱讀政爲正月之正則其緩急輕重閒固有分矣至

九水山房文存二卷　清畢亨撰（圖5）

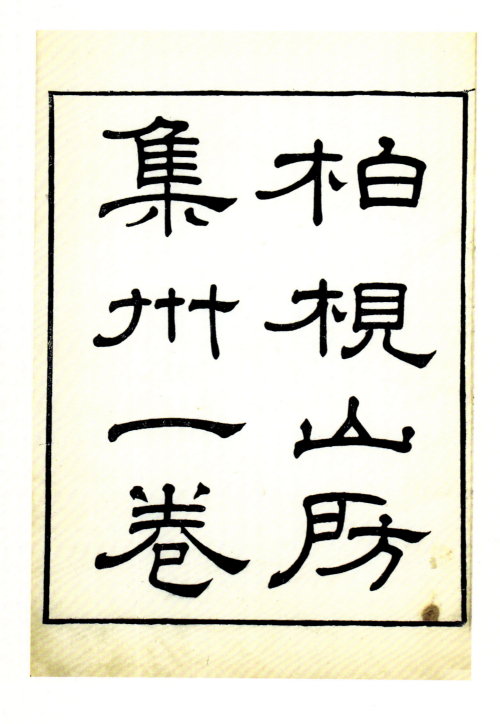

三十四　柏梘山房集三十一卷 清梅曾亮撰　清咸豐六年海源閣刻本（丁延峰藏）
（圖1）

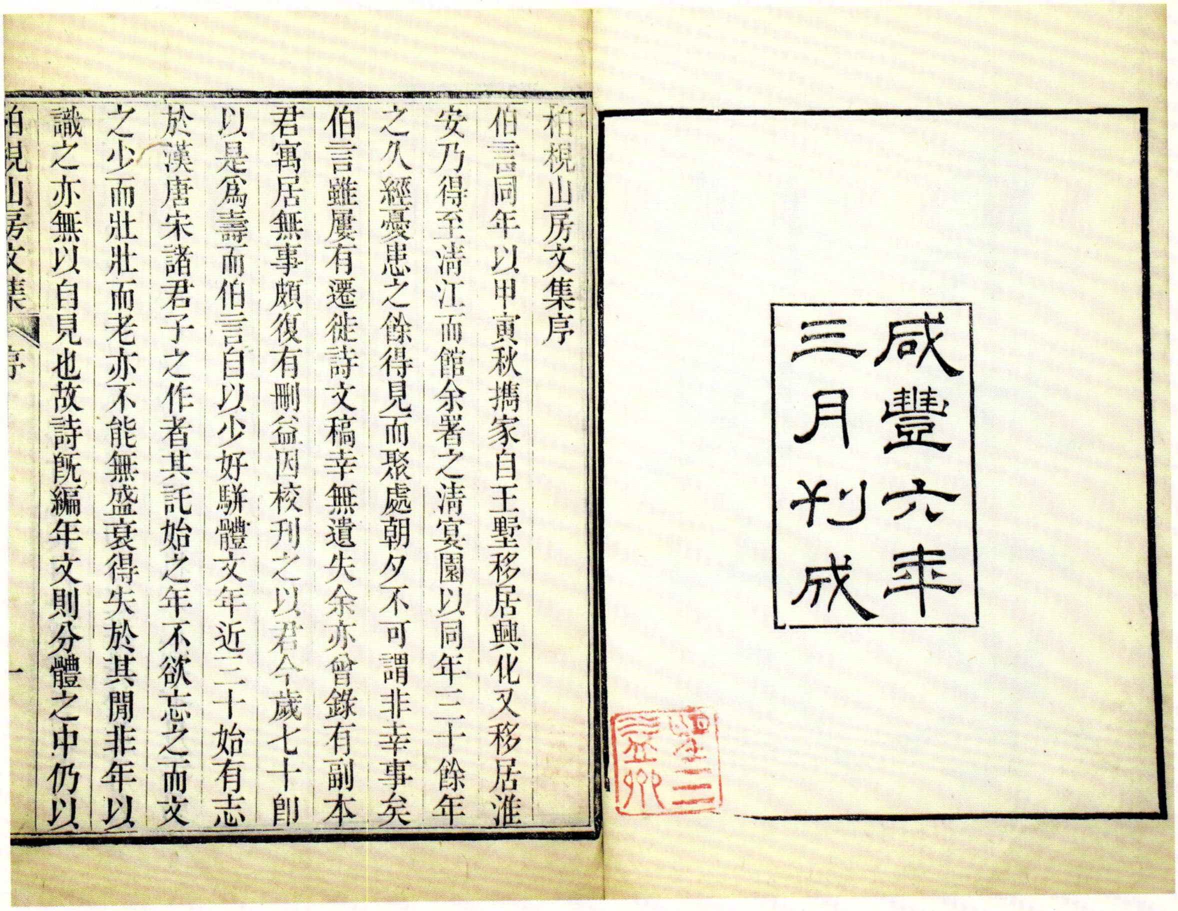

柏梘山房文集序

伯言同年以甲寅秋攜家自玉墅移居興化又移居淮

安乃得至清江而館余著之清宴園以同年三十餘年

之久經憂患之餘得見而聚處朝夕不可謂非幸事矣

伯言雖屢有遷徙詩文稿幸無遺失余亦曾錄有副本

君寓居無事頗復有刪益校刊之以君今歲七十卽

以是爲壽而伯言自以少好騈體文年近三十始有志

於漢唐宋諸君子之作者其託始之年不欲忘之而文

之少而壯壯而老亦不能無盛衰得失於其閒非年以

識之亦無以自見也故詩既編年文則分體之中仍以

柏梘山房文集序

柏梘山房文集序 一

柏梘山房文集

咸豐六年三月刊成

柏梘山房集三十一卷 清梅曾亮撰（圖2）

柏梘山房文集　序

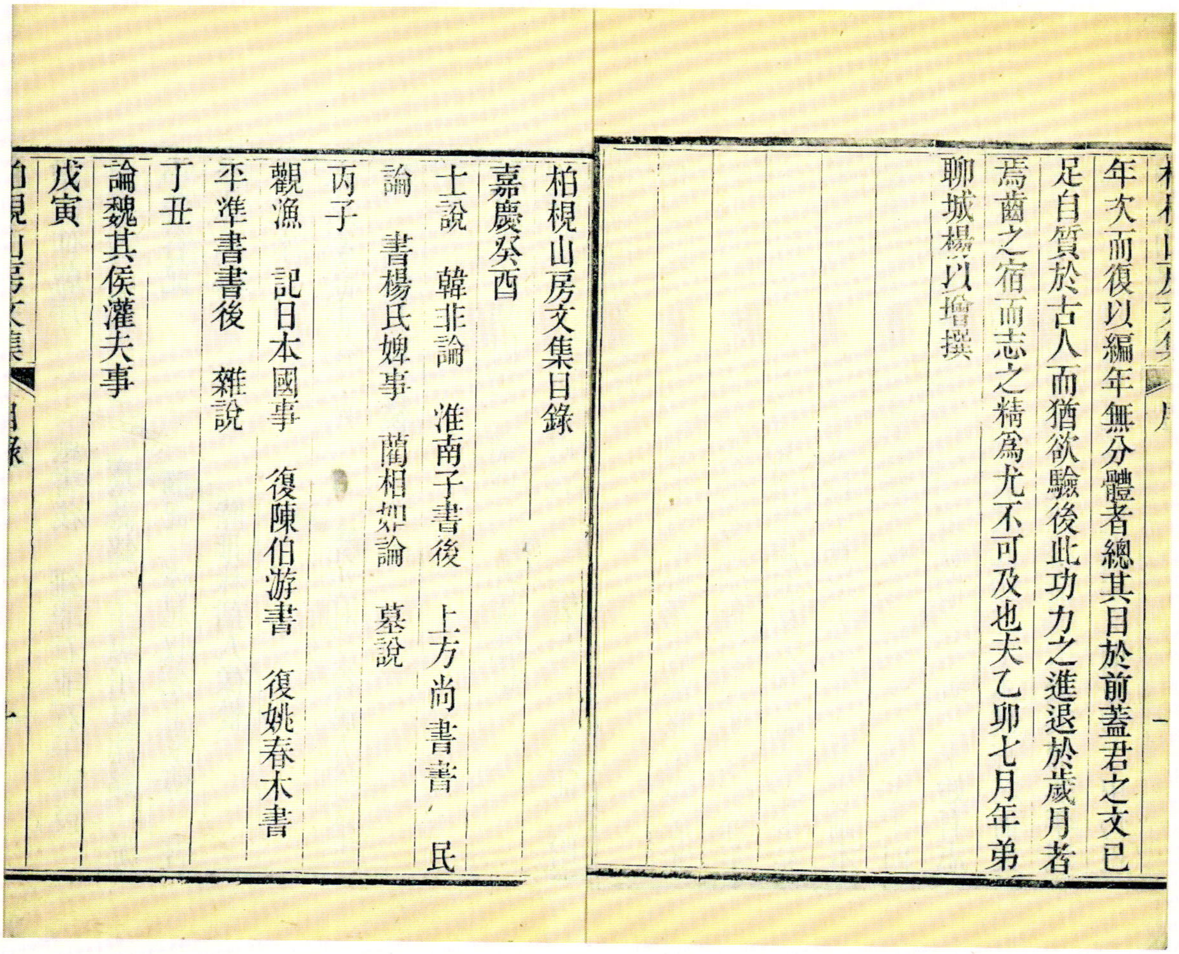

年次而復以編年無分體者總其目於前蓋君之文已
足自質於古人而猶欲驗後此功力之進退於歲月者
焉齒之宿而志之精爲尤不可及也夫乙卯七月年弟
聊城楊以增撰

柏梘山房文集目錄

嘉慶癸酉
士說　韓非論　淮南子書後　上方尚書書　民
論　書楊氏嫂事　藺相如論　墓說
丙子
觀漁　記日本國事　復陳伯游書　復姚春木書
平準書書後　雜說
丁丑
論魏其侯灌夫事
戊寅

柏梘山房文集　目錄　一

柏梘山房集三十一卷　清梅曾亮撰（圖3）

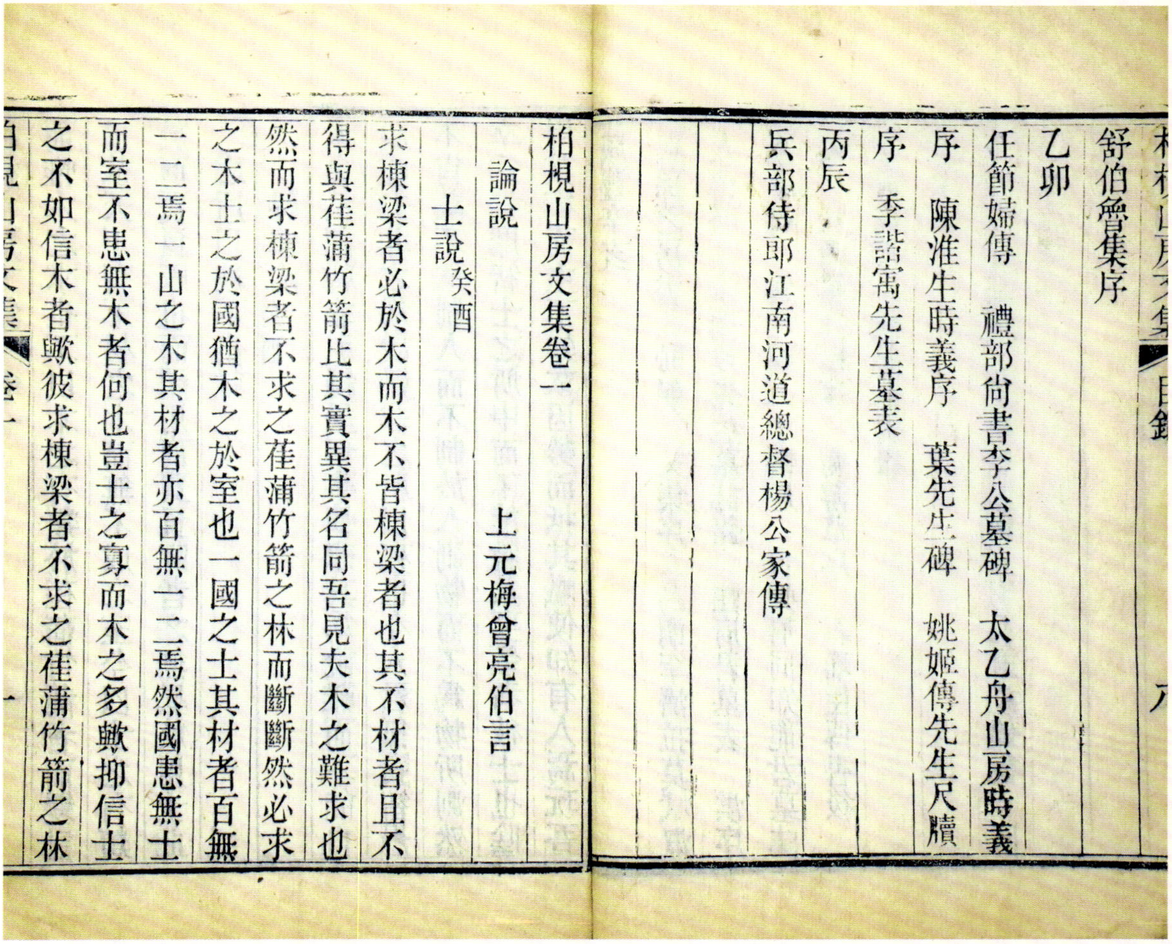

柏梘山房文集　目錄　六

舒伯魯集序

乙卯

任節婦傳　禮部尚書李公墓碑　太乙舟山房時義

序　陳淮生時義序　葉先生碑　姚姬傳先生尺牘

序　季諧寓先生墓表

丙辰

兵部侍郎江南河道總督楊公家傳

柏梘山房文集卷一

論說　上元梅曾亮伯言

士說 癸酉

求棟梁者必於木而木不皆棟梁者也其不材者且不得與萑蒲竹箭比其實異其名同吾見夫木之難求也然而求棟梁者不求之萑蒲竹箭之林而斷斷然必求之木士之於國猶木之於室也一國之士其材者百無一二焉一山之木其材者亦百無一二焉然國患無士而室不患無木者何也豈士之寡而木之多歟抑信士之不如信木者歟彼求棟梁者不求之萑蒲竹箭之林

柏梘山房文集　卷一　一

柏梘山房集三十一卷　清梅曾亮撰（圖4）

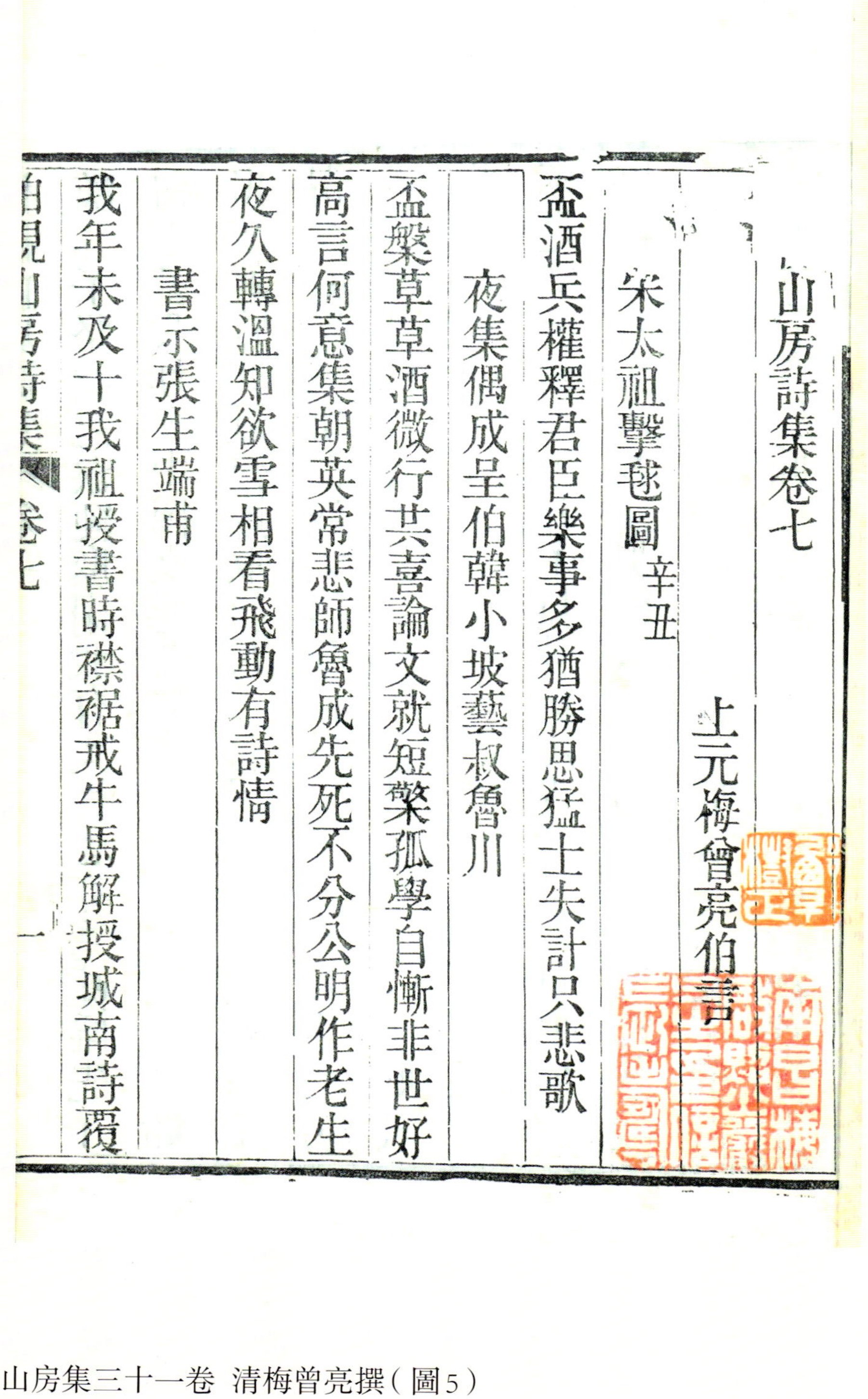

山房詩集卷七

上元梅曾亮伯言

朱太祖擊毬圖 辛丑

盂酒兵權釋君臣樂事多猶勝思猛士失計只悲歌

夜集偶成呈伯韓小坡藝叔會川

盂槃草草酒微行共喜論文就短槃孤學自慚非世好

高言何意集朝英常悲師魯成先死不分公明作老生

夜久轉溫知欲雪相看飛動有詩情

書示張生端甫

我年未及十我祖授書時襟裾戒牛馬解授城南詩復

伯見山房詩集 卷七 一

柏梘山房集三十一卷　清梅曾亮撰（圖5）

不能矣若著氈冠披羊皮裴課鄉里小童經書吾誠樂
之其所得之深遠如此吾於是益歎文忠爲知人也姚
姬傳先生嘗言近世言漢學者無宋儒苦身力行之學
而摘其文義小疵相詬病是妄人也公深契乎先生之
言而刊其尺牘即公之所以自處者可見矣
先君子校刊伯言先生文集既成續校詩集駢體文
刊未及半而先君子堯穀等泣請先生爲傳誌之文
時先生患鼻衄旋淮安寓舍踰旬諮示不數
日先生亦卒是爲咸豐六年正月十二日距先君子
堯僅二十四日鳴呼迨穀等促工刊藏詩及駢體十

五卷都文集爲三十一卷先生已不及見矣此傳編
列文續集之末目仍分年而爲丙辰特著一篇愴誦
攀號追慕罔極孤紹和泣識

柏梘山房集三十一卷 清梅曾亮撰（圖6）

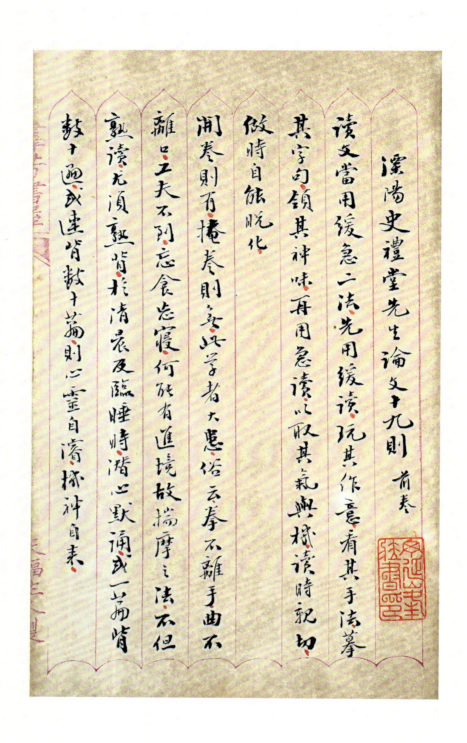

　　三十五　溧陽史禮堂先生論文三十則　清史祐撰　清道光二年楊以增手抄本（丁
延峰藏）（圖1）

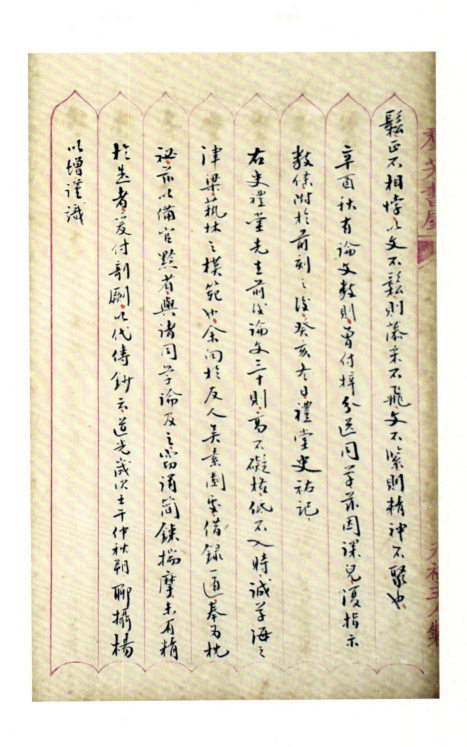

溧陽史禮堂先生論文三十則 清史祐撰（圖2）

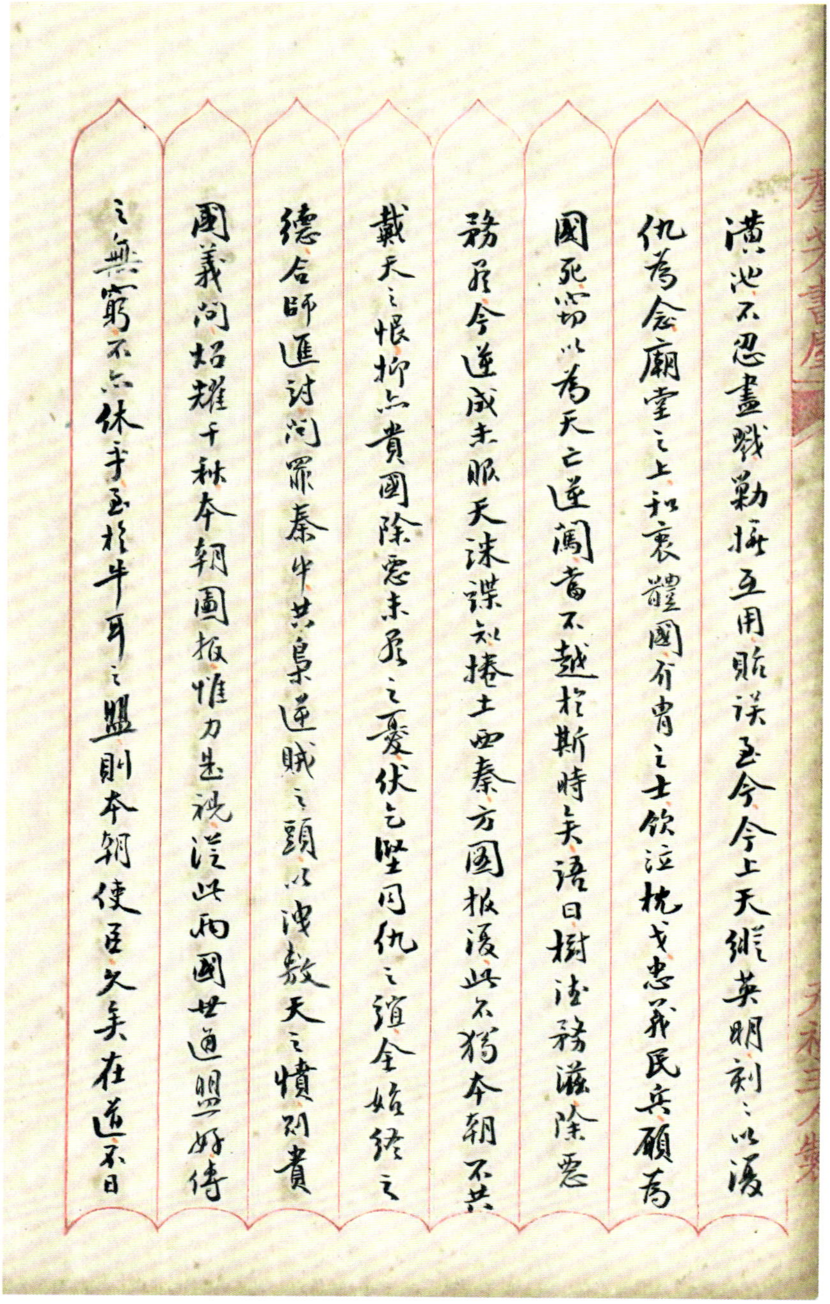

潢池不忍盡戮勦撫互用貽誤至今今上天縱英明刻刻以復
仇爲念廟堂之上和衷體國有胄之士飲泣枕戈忠義民兵願爲
國死節以爲天亡逆闖當不越於斯時矣語曰樹德務滋除惡
務盡今逆成未服天誅諜知捲土西秦方圖報復此不獨本朝不共
戴天之恨抑亦貴國除惡未盡之憂伏乞堅同仇之誼全始終之
德合師進討問罪秦中共梟逆賊之頭以洩敷天之憤則貴
國義問昭耀千秋本朝圖報惟力是視從此兩國世通盟好傳
之無窮不亦休乎至於牛耳之盟則本朝使臣久矣在道不日

溧陽史禮堂先生論文三十則 清史祐撰（圖3）

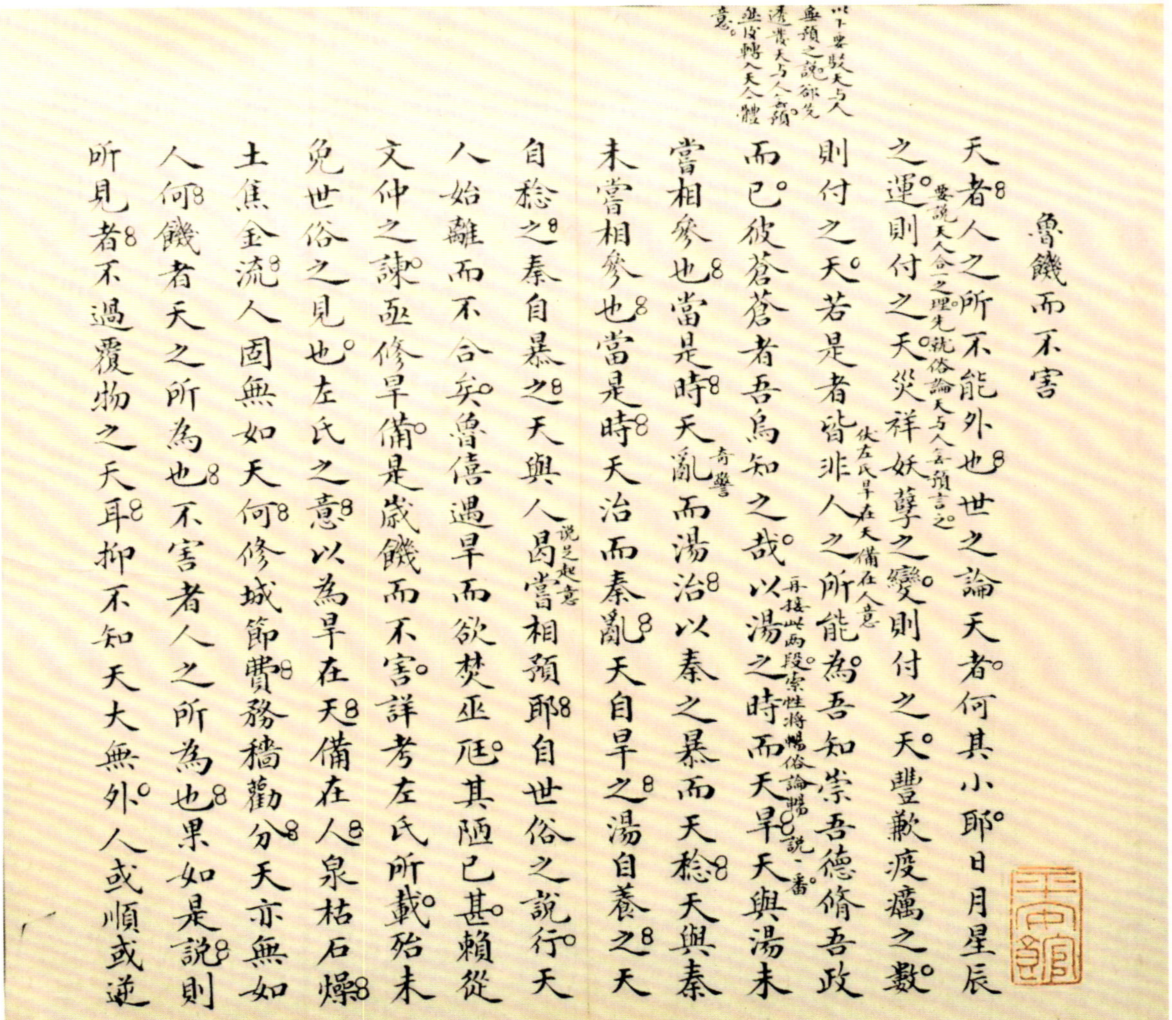

魯饑而不害

天者人之所不能外也世之論天者何其小耶日月星辰（要說天人合一之理先就俗論天与人無預言之）
之運則付之天災祥妖孽之變則付之天豐歉瘦癘之數
則付之天若是者皆非人之所能為吾知崇吾德脩吾政（伏左氏旱在天備在人意）
而已彼蒼蒼者吾烏知之哉以湯之時而天旱天與湯未（再接此兩段索性將俗論暢說一番）
嘗相參也當是時天亂而湯治以秦之暴而天稔天與秦（奇警）
未嘗相參也當是時天治而秦亂天自旱之湯自養之天
自稔之秦自暴之天與人曷嘗相預耶自世俗之說行天（說之起意）
人始離而不合矣魯僖遇旱而欲焚巫尪其陋已甚賴從
文仲之諫亟修旱備是歲饑而不害詳考左氏所載殆未
免世俗之見也左氏之意以為旱在天備在人泉枯石爍
土焦金流人固無如天何修城節費務穡勸分天亦無如
人何饑者天之所為也不害者人之所為也果如是說則
所見者不過覆物之天耳抑不知天大無外人或順或逆

（以下要駁天与人無預之說卻先透發天与人無預與收轉入天人合體意）

三十六　東萊博議三則　宋吕祖謙撰　清道光三十年楊以增手抄本（郗登敏藏）（圖1）

將天人體之
理確鑿言之

違或向或背徒為紛諉實未嘗有出於天之外者也順中
有天違中有天向中有天背中有天果何適而非天耶左
氏謂修旱備無預於天抑不知仲之諫自何而發僖公
之悔自何而生旱備之修自何而出人言之發即天理之
發也人心之悔即天理之悔也人事之修即天道之修也
無動非天而反謂無預於天可不謂疏耶善觀天者觀其
情不善觀天者觀其形成王之方疑周公其天固嘗藏也
及雷電以風成王肅然祗懼與召公太公共啟金縢之書
始信周公之勤勞是成王胸中之天已回於執書以泣時
矣豈必待天雨反風禾則盡起然後知天意之回耶待天
雨反風而知天意者周人之知天非召公太公之所為知
也

僖二十一年夏大旱公欲焚巫尪臧文仲曰非旱備也修城郭貶食省用務穡
勸分此務也巫尪何為天若殺之以如何為生者徒為早焚之陳其無辜之生盛也
饑而不害

張明德曰天之為天昭之心坐執天以論天未克掏爐之見為中人言之嘗出之將天與人
令品為一些芳生言天質淵先生破左氏之預於天之意於此已透徹石隱結以成王胸
中之天更奇哉

東萊博議三則 宋呂祖謙撰（圖2）

宋華元羊斟

天下之情固有厚之而薄薄之而厚者不可不察也子弟
與鄉人皆在席觴酒豆肉必先鄉人而後子弟豈人情固
厚於疏而薄於親乎蓋疏則相責親則相恕其待鄉人物
至而情不至所謂薄厚之而薄者也其待子弟物不至而
情至所謂薄之而厚者也凡人情相與至於無間則用之
不憚置之不慍爭之不辭奪之不怨曠然相期於形骸之
外夫豈以薄物細故而遽為向背哉華元殺羊食士而其
御羊斟不與人皆以為待羊斟之薄吾獨以為待羊斟之
厚焉元之意豈不以斟為御幾年矣左執鞭右奉轡旦則
偕出夕則偕入險夷寒暑升降吾不與吾俱相悉已久相
信已熟羊斟不及然親厚之意固已踰百牢而豐五鼎矣
斟不知享其意而徒欲享其食念戾勃興驅車趨敵投華
元於死地元待以君子之心斟報以小人之行非特賈元

東萊博議三則　宋呂祖謙撰（圖3）

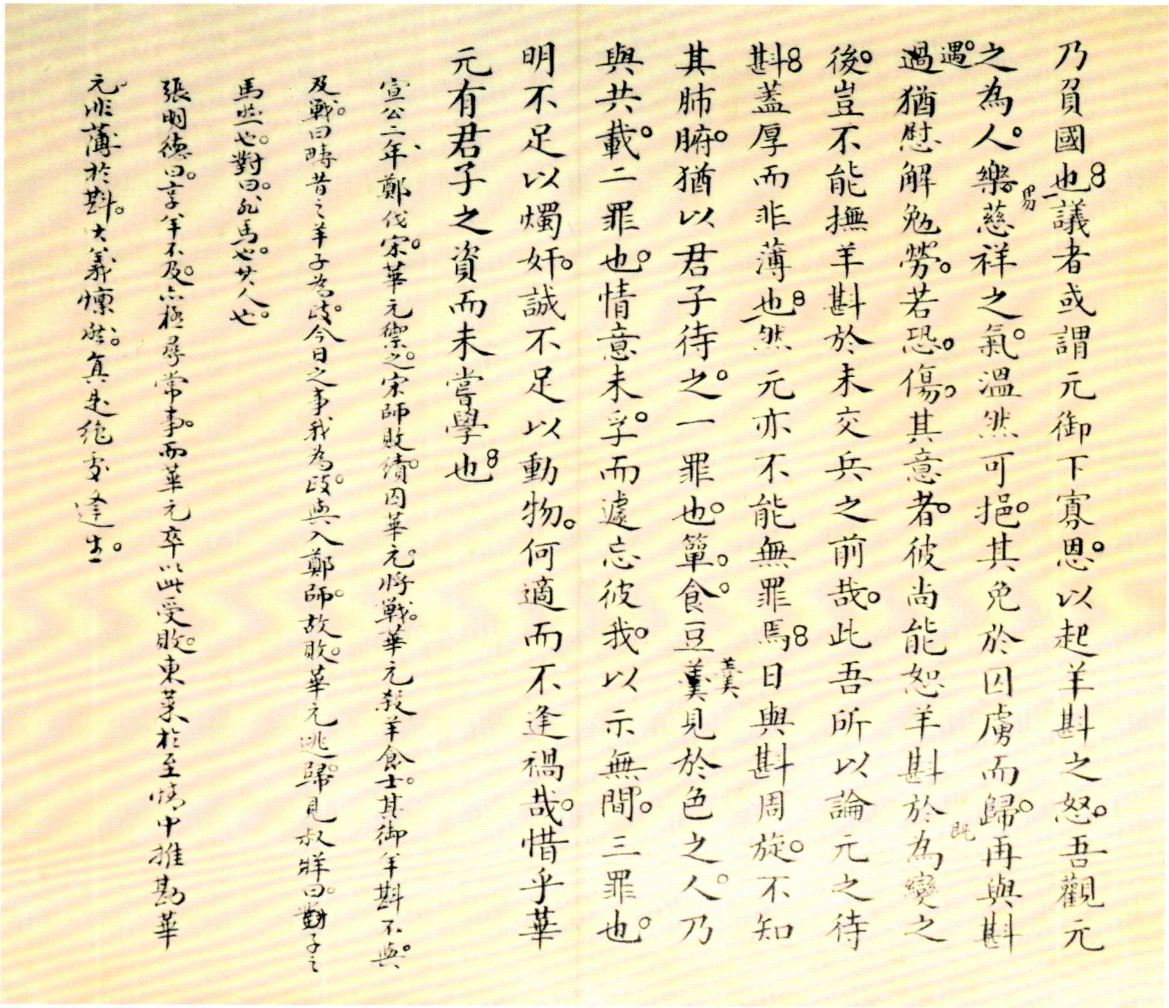

乃貳國也議者或謂元御下寡恩以起羊斟之怒吾觀元

之為人樂慈祥之氣溫然可挹其免於囚虜而歸再與斟

遇猶慰解勉勞若恐傷其意者彼尚能怒羊斟於為變之

後豈不能撫羊斟於未交兵之前哉此吾所以論元之待

斟蓋厚而非薄也然元亦不能無罪焉日與斟周旋不知

其肺腑猶以君子待之一罪也簞食豆羹見於色之人乃

與共載二罪也情意未孚而遽忘彼我以示無間三罪也

明不足以燭奸誠不足以動物何適而不逢禍哉惜乎華

元有君子之資而未嘗學也

宣公二年鄭伐宋華元禦之宋師敗績囚華元將戰華元殺羊食士其御羊斟不與

及戰曰疇昔之羊子為政今日之事我為政與入鄭師故敗華元逃歸見叔牂曰

馬然也對曰非馬也其人也

張明德曰言羊不及悉極辱常事而華元卒以此受敗東萊柱至悟中推勘華

元非薄於斟大家懷恕真是絕妙達生

東萊博議三則　宋呂祖謙撰（圖４）

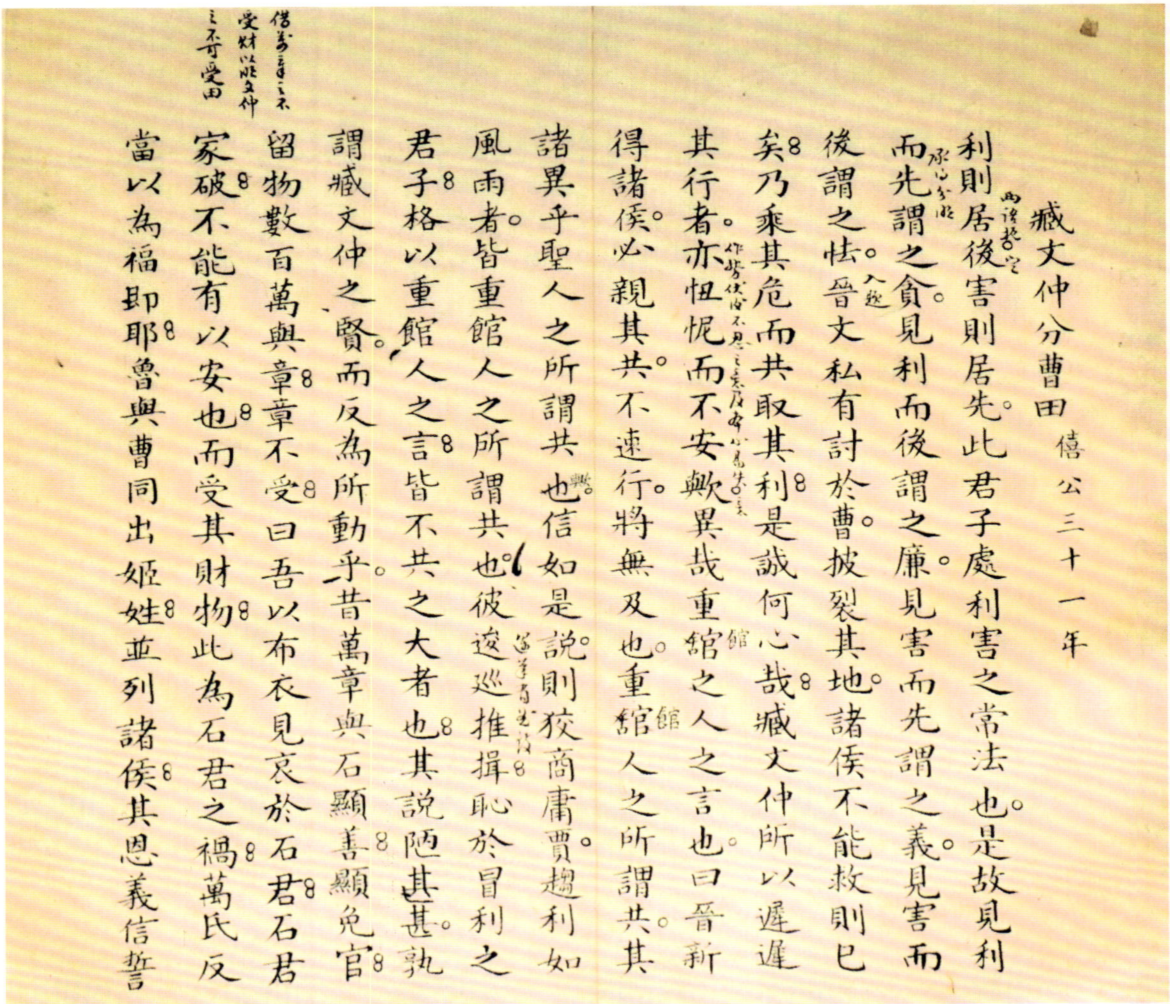

臧文仲分曹田　僖公三十一年

利則居後害則居先此君子處利害之常法也是故見利
而先謂之貪見利而後謂之廉見害而先謂之義見害而
後謂之怯晉文私有討於曹披裂其地諸侯不能救則巳
矣乃乘其危而共取其利是誠何心哉臧文仲所以遲遲
其行者亦怛怛而不安歟異哉重館之人之言也曰晉新
得諸侯必親其共不速行將無及也重館人之所謂共其
謂異乎聖人之所謂共也信如是則狡商庸賈趨利如
風雨者皆重館人之所謂共也彼遂巡撙推恥於冒利之
君子格以重館人之言皆不共之大者也其說陋甚乩
謂臧文仲之賢而反為所動乎昔萬章與石顯善顯免官
留物數百萬與章章不受曰吾以布衣見哀於石君石君
家破不能有以安也而受其財物此為石君之禍萬氏反
當以為福即耶魯與曹同出姬姓並列諸侯其恩義信誓

東萊博議三則　宋吕祖謙撰（圖５）

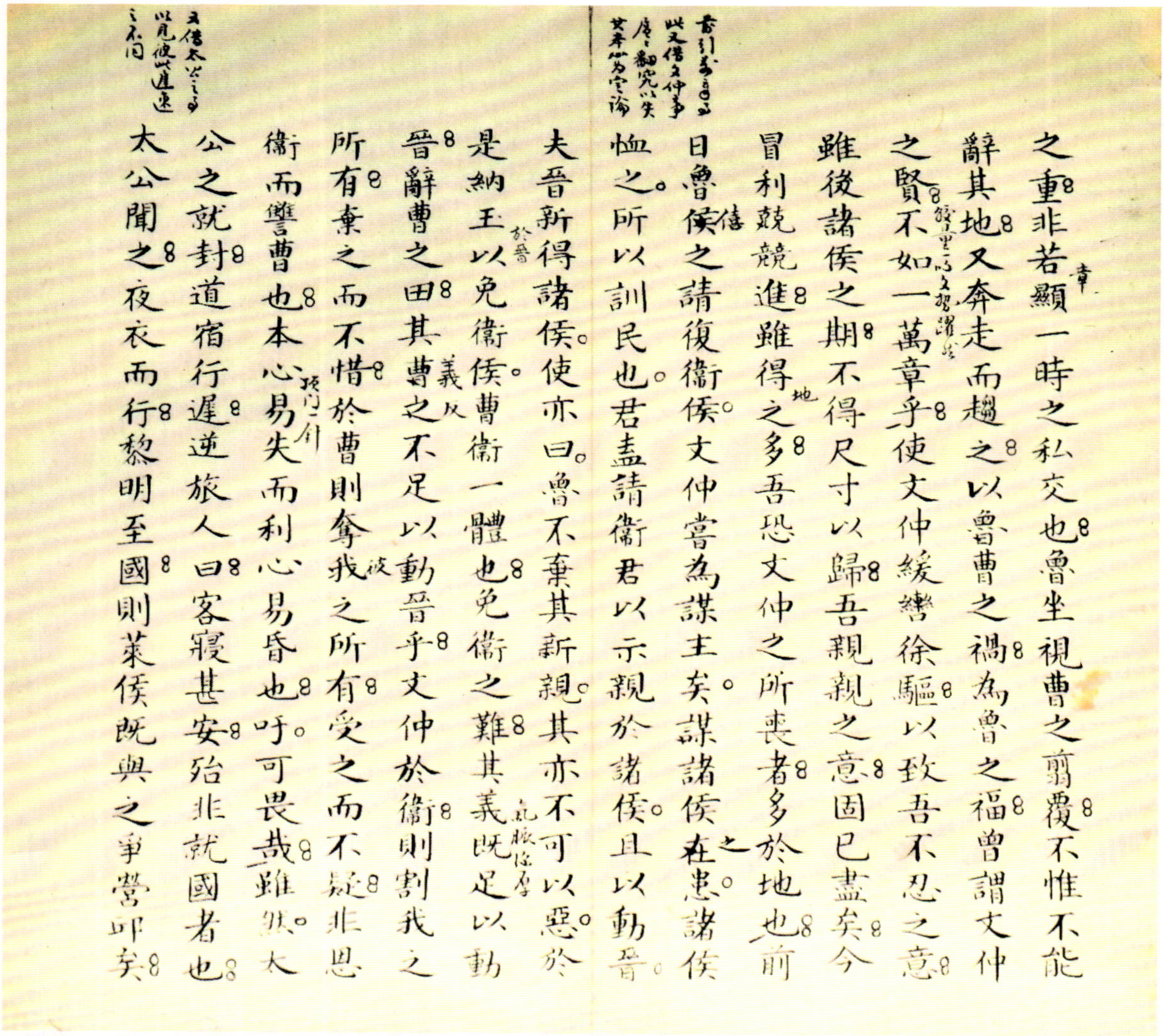

之重非若顯一時之私交也魯坐視曹之翦覆不惟不能

辭其地又奔走而趨之以魯曹之禍為魯之福曾謂丈仲

之賢不如一萬章乎使丈仲緩彎徐驅以致吾不忍之意

雖後諸侯之期不得尺寸以歸吾親親之意固已盡矣今

冒利競競進雖得之多吾恐丈仲之所喪者多於地也前

日魯侯之請復衛侯丈仲嘗為謀主矣諸侯在患諸侯

恤之所以訓民也君盡請衛君以示親於諸侯且以動晉

夫晉新得諸侯使亦曰魯不棄其新親其亦不可以惡於

是納王以免衛侯曹衛一體也免衛之難其義既足以動

晉辭曹之田其義之不足以動晉乎丈仲於衛則割我之

所有棄之而不惜於曹則奪我之所有受之而不疑非思

衛而釁曹也本心易失而利心易昏也吁可畏哉雖然太

公之就封道宿行遲逆旅人曰客寢甚安殆非就國者也

太公聞之夜衣而行黎明至國則萊侯既與之爭營邱矣

東萊博議三則 宋呂祖謙撰（圖6）

太公聽逆旅旅之言其心亦未免趨於利歟非也。君子固
不以利自浼亦不以利自嫌也一國之重有民人焉有社
稷焉吾其可以避趨利之小嫌而濡滯逗撓使為奸宄之
所伺乎故太公之不可遲猶丈仲之不可連也然受封分
地之事逆旅重館館之言同異是非間不容髮若之何而
辨之曰在明善。

傳三十一年取濟西分曹地心使臧文仲德宿於重館重館人告曰晉新得諸侯必親其共不速行吾共其心懼之

東鄉仁兄先生於邗上十年不見握手懽然旅牕話舊出
示金石甚影萍行又贈秦漢磚拓一冊汗顏至今薄呈數
葉僅奉一粲
道光三十年孟冬十月致堂楊以增

東萊博議三則　宋呂祖謙撰（圖7）

三十七　楊以增題畫（謝呈波藏）

三十八　楊保彝名刺（丁延峰藏）

同治甲戌春月

臨文便覽

松竹齋藏板

小學之書自叔重作說文其子沖表上之後世亦多敕選
頒行之本宋禮部韻略首載文書式末附貢舉條式於一
切書寫格式考校章程言之綦詳押韻釋疑並敘及試士
之作蓋小學為臨文之先資而一時典制所關尤操觚者
所宜遵守也我
朝楷古右文
欽定康熙字典音韻闡微音韻述微攷證精密誠六書之
淵海七音之準繩也惟卷帙浩博購藏匪易龍翰臣方伯

序

三十九　臨文便覽二卷　清张启泰編　清同治十三年松竹齋刻本　楊紹和序（丁延峰藏）（圖1）

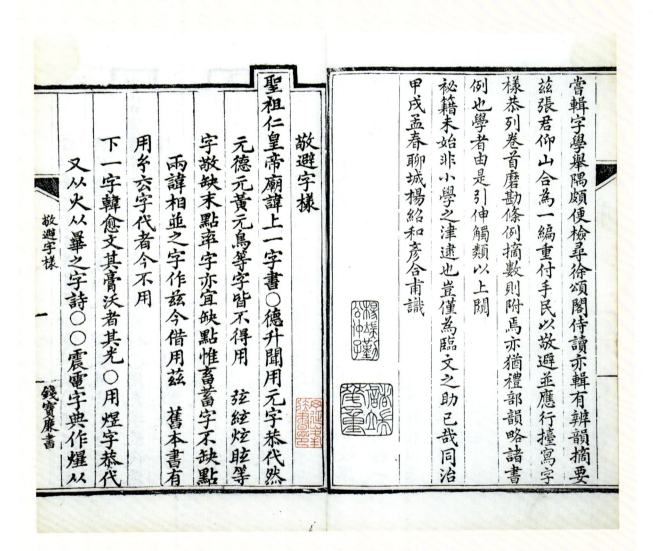

臨文便覽二卷　清张启泰編（圖2）

端慧太子諱上一字永不諱下一字左玉右連

仁宗睿皇帝面諭臣工避書作連然瑚連字仍不得用

至聖先師孔子諱惟恭遇

避寫究不敢用

圓丘則不避餘皆加卩旁作邱然時文中稱名之處雖

孟子諱一體敬避

抬頭字樣

圓丘 如用○○○蒼穹○○○天貺○○○郊壇等字亦同

方澤 如用○○○后土等字亦同

宗廟 如單用○○○廟字或○○○時享○○○祫祭等字亦同

祖

宗

列祖

列聖 如用聖聖相承等句則上○○○聖字三擡下○○○聖字雙擡如用以聖繼聖等句則上○○○聖字雙擡下○○○聖字三擡

臺頁 一 鍾駿聲書

臨文便覽二卷 清张启泰編（圖3）

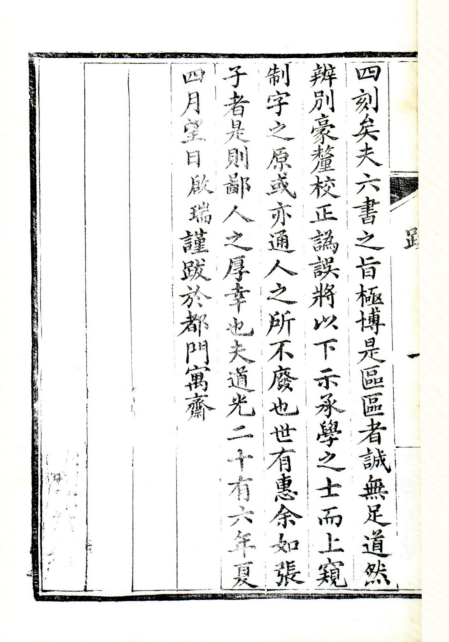

四刻矣夫六書之旨極博是區區者誠無足道然
辨別豪釐校正譌誤將以下示承學之士而上窺
制字之原或亦通人之所不廢也世有惠余如張
子者是則鄙人之厚幸也夫道光二十有六年夏
四月望日啟瑞謹跋於都門寓齋

臨文便覽二卷　清张启泰編（圖４）

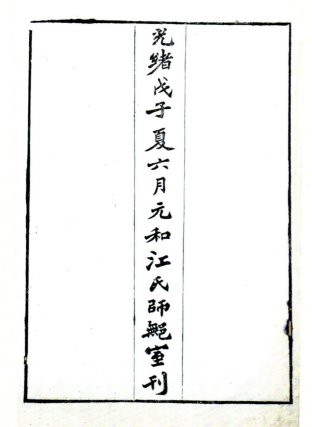
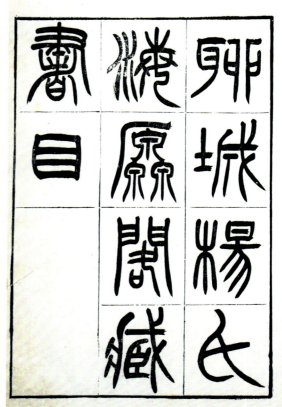

四十　海源閣藏書目　清楊紹和編　清光緒十四年江標刻本（丁延峰藏）（圖1）

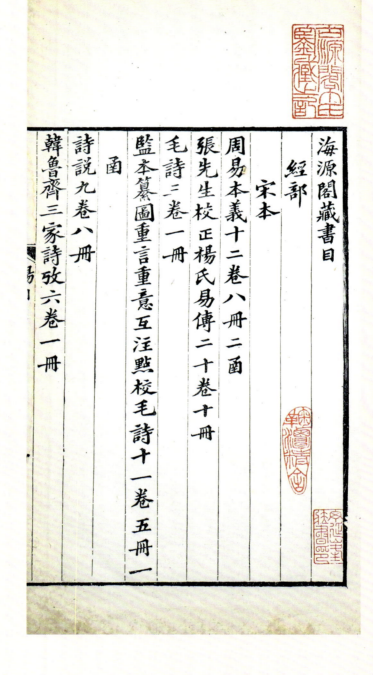

海源閣藏書目　清楊紹和編（圖2）

周禮十二卷六冊一面

禮記二十卷六冊一面

家禮五卷附錄一卷三冊一面

大戴禮十三卷四冊

巾箱本春秋經傳集解二十二卷二十二冊

附釋音春秋左傳注疏六十卷四十八冊

詳注東萊先生博議二十五卷十二冊

論語注疏解經二十卷十冊

孟子注疏解經十四卷十四冊

說文解字三十卷六冊

三續千字文注一卷一冊

附釋文互注禮部韻略五卷五冊一面

以上十七種已編入楹書隅錄初編

撫州使庫本禮記釋文四冊

元本

韓齊魯三家詩攷六卷一冊

禮書一百五十卷三十二冊四面

樂書二百卷目錄二十卷附正誤一卷二十冊二面

四書輯釋三十六卷三十二冊六面

大廣益會玉篇三十卷八冊

海源閣藏書目　清楊紹和編（圖3）

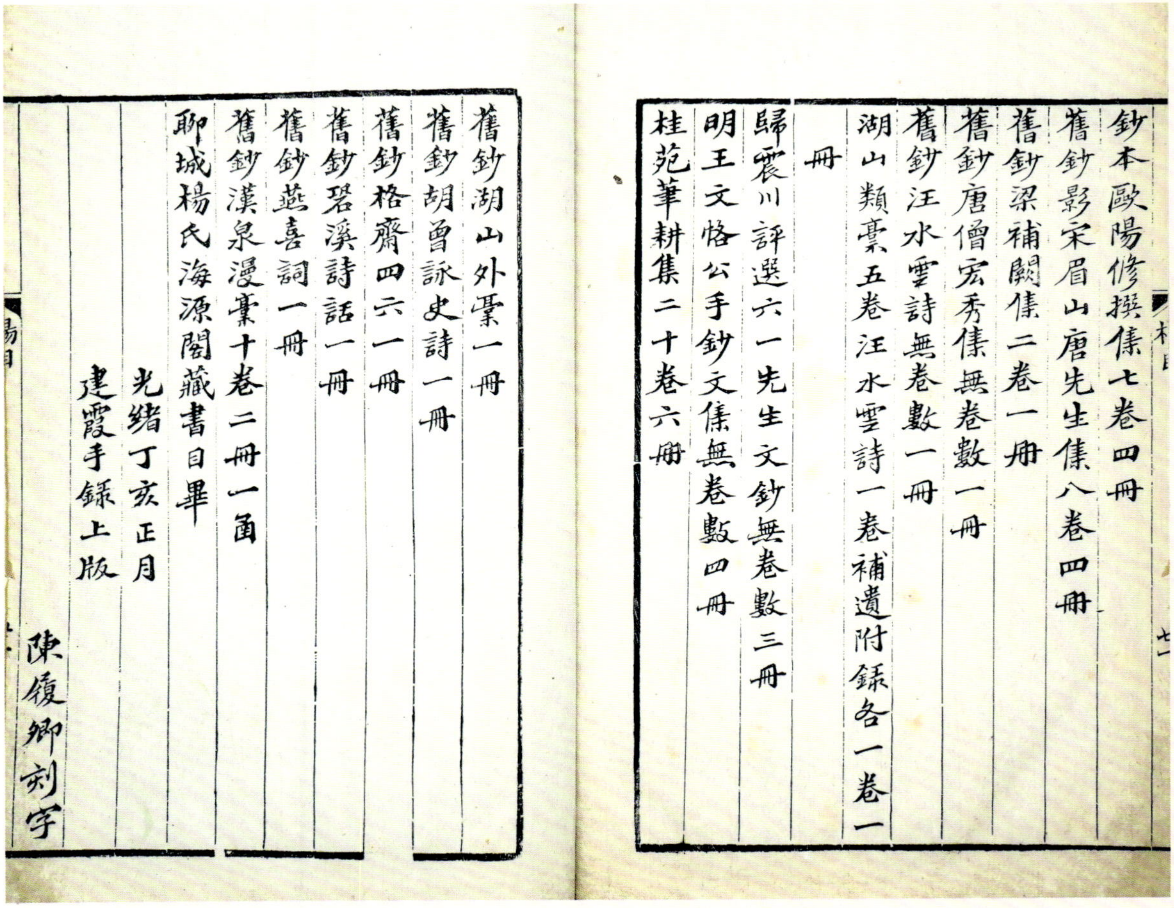

鈔本歐陽修撰集七卷四冊

舊鈔影宋眉山唐先生集八卷四冊

舊鈔梁補闕集二卷一冊

舊鈔唐僧宏秀集無卷數一冊

舊鈔汪水雲詩無卷數一冊

湖山類藁五卷汪水雲詩一卷補遺附錄各一卷一冊

歸震川評選六一先生文鈔無卷數三冊

明王文恪公手鈔文集無卷數四冊

桂苑筆耕集二十卷六冊

舊鈔湖山外纂一冊

舊鈔胡曾詠史詩一冊

舊鈔格齋四六一冊

舊鈔碧溪詩話一冊

舊鈔藝喜詞一冊

舊鈔漢泉漫稾十卷二冊一角

聊城楊氏海源閣藏書目畢

光緒丁亥正月

建霞手錄上版

陳復卿刻字

海源閣藏書目　清楊紹和編（圖4）

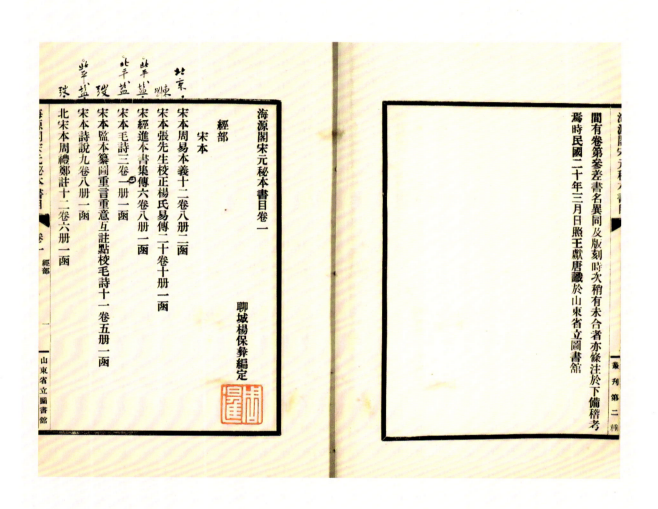

間有卷第參差書名異同及版刻時次稍有未合者亦條注於下備稽考

爲時民國二十年三月日照王獻唐識於山東省立圖書館

海源閣宋元秘本書目卷一

聊城楊保彝編定

經部

宋本

北京‧ 宋本周易本義十二卷八冊二函

宋本張先生校正楊氏易傳二十卷十冊一函

宋經進本書集傳六卷八冊一函

宋本毛詩三卷一冊一函

宋本監本纂圖重言重意互註點校毛詩十一卷五冊一函

宋本詩說九卷八冊一函

北宋本周禮鄭註十二卷六冊一函

海源閣宋元秘本書目 卷一 經部 一 山東省立圖書館

四十一　海源閣宋元秘本書目　清楊保彝編　周叔弢批注　民國二十年山東省立圖書館鉛印本（謝呈波藏）